Bibliothek
für Designer

MUSIK
FÜR DESIGNER

DANIEL MARTIN FEIGE

Bibliothek
für Designer

MUSIK FÜR DESIGNER

avedition

Bibliothek
für Designer

Zur Buchreihe

Einführungsreihen gibt es viele, doch noch keine, die sich speziell an Gestalter richtet, in deren akademischer Ausbildung kultur- oder naturwissenschaftliche Methoden und Inhalte ja nicht unbedingt im Vordergrund stehen. Ziel der vorliegenden Buchreihe *Bibliothek für Designer* ist daher eine Erschließung von Bezugswissenschaften und sekundären Wissensgebieten für Gestalter.

Die Reihe geht dabei nicht im Sinne konventioneller und fachspezifischer akademischer Übersichtsdarstellungen vor, sondern als vom Entwurfsprozess ausgehende, prägnante und kompetente Darstellungen des jeweiligen Wissensthemas. Daher zielt die Reihe nicht primär auf solche Themen, die dem Design nahe sind, sondern auf mögliche Projektinhalte der Gestaltung. Die Bände sollen vor allem eine Portalfunktion aus der Interessenslage der Gestalter heraus erfüllen.

Die Herausgeber
Prof. Dr. Thomas Friedrich
Prof. Dr. Klaus Klemp
Prof. Dr. Gerhard Schweppenhäuser

Inhalt

Warum Musik?

Das Thema dieses Buches mag auf den ersten Blick verwundern. Denn es scheint kaum zwei Dinge zu geben, die unterschiedlicher sind als Design und Musik. Dieser Auffassung kann man etwa in folgender Weise Ausdruck verleihen: Paradigmatische Gegenstände des Industrial Designs oder des Kommunikationsdesigns haben haptische und visuelle Eigenarten, aber selten auch klangliche oder akustische. Darüber hinaus dienen Designgegenstände ganz handgreiflichen Zwecken, wohingegen wir Musik oft um ihrer selbst willen hören. Ist es sinnvoll zu sagen, dass wir eine Klaviersonate von Beethoven [x] um des Hörens willen hören, ist es seltsam zu sagen, dass wir Charles und Ray Eames' [x] *Plastic Chair* um des Gebrauchs willen gebrauchen? Musik ist Kunst, Design nicht.

Diese Erläuterung stößt natürlich schnell an ihre Grenzen. So ist nicht allein Sounddesign ein veritabler Bereich des Designs, sondern man kann auch das Design von Konzerten, Schallplatten und Musikstreaming-Webseiten untersuchen. Nicht zuletzt ist das Cover von Alben (vor allem in der Popmusik, aber nicht nur dort) ein gestalteter Gegenstand. Klang und Ton sind also nicht per se vom Design ausgeschlossen. Zudem kann man Musik auch anders verwenden, als sie um ihrer selbst willen zu hören. Es gibt sogar viele Arten von Musik, die dazu gar nicht primär gemacht sind, um sie um ihrer selbst willen zu hören. Wenn man sich in einer Disko zu Michael Jacksons [x] Song *Don't Stop 'Til You Get Enough* bewegt, würden wir wahrscheinlich nicht sagen, man hört hier die Musik um ihrer selbst willen – aber wer das nicht tut, verpasst etwas an dieser Art von Musik. Umgekehrt gibt es Designgegenstände, von denen gar nicht klar ist, ob sie tatsächlich handgreiflichen Zwecken dienen; Philippe Starcks [x] *Juicy Salif* haben sich wahrscheinlich die wenigsten gekauft, um damit tatsächlich Zitronen auszupressen.

x
Ludwig van Beethoven
1770–1827
Komponist, der durch sein Verständnis des musikalischen Werks und der Rolle des Komponisten maßgeblich das moderne Musikverständnis geprägt hat.

x
Charles Eames
1907–1978
Ray Eames
1912–1988
Ehepaar, das vor allem das Industriedesign des 20. Jahrhunderts nachhaltig beeinflusst hat.

x
Michael Jackson
1958–2009
einer der einflussreichsten Popmusiker des ausgehenden 20. Jahrhunderts.

x
Philippe Starck
***1949**
Architekt und Designer.

Die Unterscheidung zwischen Designgegenständen als funktionalen Dingen und Kunstwerken als zweckfreien Gegenständen ist in den letzten Jahren immer problematischer geworden, da sich viele Gegenstände scheinbar nicht mehr klar der einen oder anderen Kategorie zuordnen lassen.

Diese Einschränkungen widerlegen aber nicht den Gedanken, dass Design und Musik sehr verschiedene Dinge sind. So viele Parallelen sich auch finden lassen – genauso viele Unterschiede lassen sich ausmachen. Der amerikanische Philosoph Hilary Putnam [x] hat lapidar festgehalten, dass „alles alles anderem in unendlich vielen Hinsichten ähnelt“ und er hat recht damit: [1] Nur weil man zwischen zwei Dingen Gemeinsamkeiten feststellt, heißt es noch nicht, dass eine Verwandtschaft zwischen diesen Dingen besteht. Denn dazu müsste man erst einmal klären, was das für Dinge sind und was es heißt, sie angemessen zu betrachten.

x
Hilary Putnam
1926–2016
amerikanischer Philosoph, der vor allem in der Philosophie des Geistes und der Sprachphilosophie einflussreiche Arbeiten vorgelegt hat.

Gleichwohl gibt es eine Reihe guter Gründe, die dafür sprechen, dass sich Designer:innen theoretisch (wie praktisch) mit Musik beschäftigen. Zum einen dürften nahezu jeder Designer und jede Designerin einen bestimmten Musikgeschmack haben. Sich darüber klar zu werden, was man an den Arten von Musik wertschätzt, die man hört, hilft einem, sich (und vielleicht auch die eigene Praxis des Designs) besser zu verstehen. Zum anderen können sich Designer:innen potenziell von allen Aspekten der Alltagskultur wie der Kunst in ihrem Arbeiten inspirieren lassen.

Ein zentrales Moment der Alltagskultur ist die Musik, wie die Musik zugleich eine wesentliche Kunstform ist. Neben diesen beiden Gründen, in denen die Musik erst einmal nur als Platzhalter auftaucht (man könnte in den Sätzen auch „Musik“ durch „Bilder“ oder „Filme“ ersetzen) gibt es allerdings noch einen weiteren Grund, der Musik und Design in eine größere Nähe zueinander bringt, als es zunächst den Anschein haben mag. Er lautet: Design und Musik sind ästhetische Gegenstände.

Ästhetische Gegenstände sind Gegenstände, auf die man sich in ihrer jeweiligen Besonderheit einlassen muss. Eames' *Plastic Chair* als Designgegenstand wertzuschätzen, heißt eben nicht, ihn einfach als Stuhl in austauschbarer Weise zu behandeln, sondern im Denken und Wahrnehmen dafür aufmerksam zu sein, aus welchem Material er hergestellt und wie die Details seiner Form verfasst sind und wie beides mit Blick auf seine Funktionen zu verstehen ist. Sich auf einen ästhetischen Gegenstand in seiner Besonderheit einzulassen heißt dabei zumeist auch, auf seine Eigenarten kontrastiv vor dem Hintergrund anderer Gegenstände aufmerksam zu sein. Den *Plastic Chair* als besonderen Designgegenstand zu beurteilen heißt auch zu sehen, was ihn von anderen Stühlen unterscheidet und inwieweit er letztlich die Funktion des Sitzens anders als jene durch seine Form bestimmt. Eine Interpretation Glenn Goulds ˣ von Bachs ˣ *Wohltemperiertem Klavier* ästhetisch wertzuschätzen heißt auch zu hören, wie Gould hier anders vorgeht als zum Beispiel Svjatoslav Richter ˣ. Musik und Design lassen sich dahingehend als verwandte Phänomene beurteilen, dass es sich bei beiden um ästhetische Gegenstandsbereiche handelt.

x
Glenn Gould
1932–1982
Pianist, der unter anderem mit seinen Bach-Interpretationen hervorgetreten ist.

x
Johann Sebastian Bach
1685–1705
Komponist des Barock, der mit seinen geistlichen und weltlichen Werken durch polyphone Kompositionsweise eine besonders markante Ausdruckskraft entwickelte, die jenseits nationaler Musikkulturen Wirksamkeit entfaltete.

x
Svjatoslav Richter
1915–1997
sowjetisch-russischer Pianist.

Nicht allein aus der Perspektive der ästhetischen Beurteilung zeigen sich Design und Musik als Phänomene, die zumindest einem gemeinsamen Feld von Gegenständen zugehörig sind. Vielmehr zeigen sie sich auch aus der Perspektive ästhetischer Praktiken in dieser Weise. Denn ästhetische Gegenstände kommen durch Praktiken in die Welt, die besonderer Art sind. Sehr vereinfacht kann man sagen: Es gibt hier kein Rezept und keine Regel, die das Gelingen des entsprechenden Gegenstandes verbürgen würde. Kant ˣ hat mit Blick auf das Hervorbringen von Kunstwerken davon gesprochen, dass „jede Kunst [...] Regeln voraus[setzt], [...] aber das Urteil über die Schönheit [des Werks nicht] von irgend einer Regel abgeleitet werde[n kann]“[2]. Das gilt für ästhetisches Produzieren überhaupt, gleich ob es sich um Kunst oder Design handelt: Ob ein Plakat ästhetisch überzeugend ist und ein Gemälde kraftvoll – das lässt sich gerade nicht aus Regeln ableiten.

x
Immanuel Kant
1724–1804
deutscher Philosoph und zentrale Figur des Deutschen Idealismus (auch „klassische deutsche Philosophie“ genannt), dessen Vertreter versuchten, die Wirklichkeit im Rahmen großer Systementwürfe gedanklich zu erfassen.

Das heißt auch: Designer:innen und Künstler:innen bringen, indem sie Gegenstände hervorbringen, zugleich die Kriterien ihrer Beurteilung mit hervor. Das bedeutet keineswegs, dass ästhetisches Produzieren voraussetzungslos wäre oder keinen Anforderungen unterworfen (Letzteres ist im Design häufig der Fall; wenn ein Stuhl als Stuhl verwendet werden soll, so sollte man darauf sitzen können). Aber der Punkt ist: Ästhetisch ist ein Produzieren, das den Sinn solcher Anforderungen im Hervorbringen neu bestimmt (was „Sitzen" als Funktion von Stühlen heißt, wird von Mies van der Rohes [x] *Barcelona Chair* und Charles Eames' *Plastic Chair* offenbar anders bestimmt).

x
Mies van der Rohe
1886–1969
Architekt der Moderne und Lehrer am Bauhaus.

Ausgehend von der Einsicht, dass es sich bei Gegenständen des Designs und der Musik gleichermaßen um ästhetische Gegenstände handelt und die Form des Hervorbringens dieser Gegenstände, sosehr es auch inhaltlich und in den Materialien unterschiedlich sein mag, strukturell verwandt ist, argumentiert das vorliegende Buch für folgenden Gedanken:

Verfahrensweisen der Musik können in den Bereich des Designs übertragen werden, wie Designgegenstände metaphorisch musikalische Eigenschaften ausdrücken können. So deutlich man Musik und Design unterscheiden muss, so sehr muss man den Interferenzen zwischen beiden Bereichen nachspüren. Das wird dann möglich, wenn man unter ästhetischer Perspektive einen Begriff dafür entwickelt, wie entsprechende Interferenzen angemessen zu verstehen sind.

Der Aufbau des Buches

Das Thema des vorliegenden Buches ist Musik und als Leserschaft ist es an Designer und Designerinnen gerichtet. Entsprechend wird es auch darum gehen, Grundlagenwissen über Musik zu vermitteln. Vor allem über Musik in der Tradition europäischer Kunstmusik, über den Jazz und über die Popmusik werden Leser und Leserinnen auf den folgenden Seiten einiges erfahren. Darüber hinaus werde ich an einigen Stellen auch in die Gedanken einiger zentraler Musikphilosophen und -innen einführen. Bewusst habe ich weitestgehend auf technische Beschreibungen zu verzichten versucht. Das Buch setzt keine Kenntnisse über die Machart von Orchesterpartituren, Stimmführungen in Streichquartetten, Harmonielehre oder Polyrhythmik im Jazz sowie Aufnahmetechniken im Pop voraus (die, um es deutlich zu sagen, für ein umfassendes Verständnis der Musik stellenweise durchaus unverzichtbar sind). An entscheidenden Stellen werde ich hingegen immer wieder zentrale Werke oder Aufnahmen nennen, die im Buch gewissermaßen als Argumente fungieren. Am Ende des Buches findet sich neben dem Verzeichnis der verwendeten Literatur auch ein Verzeichnis mit diskografischen Hinweisen.

Dabei geht es mir nicht allein darum, dass Designer:innen beim Lesen Grundwissen über Musik erwerben. Vielmehr geht es mir auch darum, eine These hinsichtlich des Verhältnisses von Design und Musik zu entwickeln. Das wird vor allem im dritten Teil des Buches geschehen. Um einen Brückenschlag zum Design auch der ersten beiden Kapitel des Buches, die im engeren Sinn erst einmal nur auf Musik bezogen sind, zu schaffen, gehe ich so vor, dass ich die Abschnitte des Kapitels jeweils mit einem kurzen Postskriptum [x] zum Design beschließe. Es skizziert, welche Relevanz die gerade entwickelten Überlegungen auch für eine Theorie des Designs haben. Denn viele dieser Überlegungen nehmen zwar Musik in den Blick, sind in ihrem Anspruch aber allgemeiner.

x **Postskriptum**
Postskripta sind aus Briefen und E-Mails bekannt; es handelt sich hier um Texte, die einerseits unabhängig vom Haupttext sind, andererseits aber oftmals zentrale Gedanken des Haupttextes aufgreifen.

Im Rahmen dreier Kapitel wird das Buch die genannten Aufgaben (eine Vermittlung von Grundkenntnissen über Musik; eine Vermittlung grundlegender musikphilosophischer Theorien; eine designnahe Explikation musikalischer Praktiken; schließlich: ein Plädoyer für die These, dass Design und Musik in ihrer Unterschiedenheit dennoch eine Nähe aufweisen, entwickeln).

Das erste Kapitel ist der Frage „Was ist Musik?" gewidmet. Anders als man erwarten könnte, möchte ich hier keine Definition der Musik anbieten. Ich werde vielmehr mit Seitenblicken auf die Geschichte der Musik wie die Unterschiedlichkeit musikalischer Praktiken in der Gegenwart dafür argumentieren, dass Musik als ästhetisches Phänomen immer auch ein unbestimmtes und ungesichertes Phänomen ist. Zu sagen, dass Musik eine Zeitkunst ist, die im Medium des gestalteten Klangs operiert, ist nicht gänzlich falsch. Es ist aber als abstrakte und allgemeine Erläuterung eben auch nicht einfach richtig (weil ein solcher Satz nicht in richtiger Weise auf die jeweils einzelnen musikalischen Gegenstände bezogen ist). Dem schwierigen Charakter der Musik möchte ich dadurch Rechnung tragen, dass ich eine Reihe nahe liegender Alternativen als falsche Alternativen zurückweisen werde: Musik ist entweder ein physikalisches Ereignis oder ein subjektives Erlebnis; Musik drückt entweder Emotionen aus oder eine logische Struktur. Abschließend werde ich etwas zu der Frage sagen, was es heißt, Musik als ästhetischen Gegenstand zu betrachten, im Kontrast dazu, was es heißt, Musik als Kunstform zu erfahren.

Das zweite Kapitel wird unter dem Titel „Europäische Kunstmusik, Jazz und Pop als Formen musikalischer Praxis" drei wesentliche Arten von Musik in der Gegenwart genauer betrachten. Dabei werde ich mich auf die Beobachtung stützen, dass Musik auf ganz unterschiedliche Weise existiert: als musikalisches Werk, als musikalische Improvisation und als musikalische Aufnahme. Einige Musik ist komponiert (man kann paradigmatisch hier an Werke der europäischen Kunstmusik denken), einige hingegen improvisiert (das gilt in weiten Teilen für den Jazz) und einige Musik ist vor allem im Studio produziert worden (was für weite Teile der Popmusik gilt). Um es deutlich zu sagen: Ich behaupte damit keineswegs, dass es Improvisation nicht auch in der Popmusik gibt und Aufnahmen nicht auch im Jazz – beides wäre Unsinn. Worum es mir geht, ist, Konturen unserer musikalischen Gegenwart dadurch zu beleuchten, dass ich drei Traditionen musikalischer Praxis in den Blick nehme, die sich gut anhand der Rolle und Logik, die jeweils Werk, Darbietung und Aufnahme spielen, unterscheiden lassen.

Im dritten Kapitel wird unter dem Titel „Grenzverhandlungen zwischen Design und Musik" die eingangs formulierte These entwickelt, dass Design und Musik als ästhetische Gegenstände und als Ausdruck eines ästhetischen Hervorbringens strukturell in ihrer Unterschiedenheit dennoch verwandt sind. Als Kontrastfolie werde ich im ersten Teil zunächst das im 18. Jahrhundert entwickelte System der Künste vorstellen, in dessen Rahmen die Verwandtschaft und Unterschiedenheit von Künsten meines Erachtens noch problematisch expliziert worden ist. Anhand des Begriffs der Intermedialität ist ein intimerer Zusammenhang der Werke verschiedener Künste diskutiert worden. Schließlich werde ich auf den Spuren dieser Diskussionen anhand des Schlagworts der Exemplifikation ein Verständnis des Austausches von Musik und Design entwickeln, das besagt, dass Verfahrensweisen der Musik auch in Designpraktiken Eingang finden können und dass Designgegenstände metaphorisch musikalische Eigenschaften ausdrücken können.

Zur Methode

Musik lässt sich auf ganz verschiedene Weisen untersuchen. Eine historische Analyse untersucht die Genese und Transformation musikalischer Praktiken. Eine soziologische Analyse beschreibt die gesellschaftlichen Rollen von Komponist:innen oder in Form qualitativer Interviewanalysen die Beurteilungskriterien musikalischer Darbietungen durch Hörer und Hörerinnen. Eine musikanalytische Beschreibung hingegen begibt sich in eine Partitur, um ihre harmonischen, melodischen und rhythmischen Eigenarten zu analysieren. Die Perspektive des vorliegenden Buches ist weder eine musikhistorische noch eine musiksoziologische noch eine musikanalytische, sondern eine musikphilosophische. Es gilt vorgreifend, die Spezifik eines solchen Zugangs zur Musik zu verdeutlichen.[3]

Von musikhistorischen und musiksoziologischen Zugängen unterscheidet sich die philosophische Perspektive wie folgt: Sie fragt nicht, wie die Musikgeschichte verlaufen ist, sondern was wir eigentlich damit meinen, dass Musik ein geschichtliches Phänomen ist. Sie fragt nicht, wie Menschen faktisch über eine musikalische Darbietung urteilen, sondern, ob sich solche Urteile rechtfertigen lassen und was die Rolle der Musik in unserem Leben ist. Kurz gesagt: Die Philosophie ist eine Reflexionswissenschaft, der es um eine Klärung der vorausgesetzten Begriffe geht. In den eben genannten Beispielen klingt bereits an, dass sich die Philosophie nicht für beliebige Begriffe interessiert, sondern für Grundbegriffe. Grundbegriffe sind solche Begriffe, ohne die wir uns als denkende und handelnde Wesen nicht (oder nicht angemessen) verstehen können. Die Philosophie analysiert damit die begrifflichen Voraussetzungen, die im Spiel sind, insofern wir überhaupt handeln und denken. Das heißt nun allerdings nicht, dass sie ein erstes oder letztes Wissen über die Dinge bereitstellt. Denn so grundlegend ihre Fragen auch sein mögen – in einigen Fragen ist die Philosophie qua Reflexionswissenschaft gerade nicht kompetent. Eine musikphilosophische Perspektive kann eine musikwissenschaftliche Perspektive nicht ersetzen, sondern ist vielmehr für einen angemessenen Begriff der Sache auch auf sie angewiesen.[4]

Ist die Philosophie eine Reflexionswissenschaft, so kann ihre Methode keine empirische Erforschung der Welt sein. Ihr Vorgehen besteht weder in klassischen Experimenten wie in der Physik oder Chemie noch in statistischen Erhebungen wie in der Soziologie oder Psychologie. In bestimmter Weise hat sie sogar keine Methode im herkömmlichen Sinne – wenn man unter Methode etwas versteht, was auf beliebige Gegenstände angewendet werden kann und wogegen die Gegenstände keinen Einspruch erheben können.[5] Vielmehr hat sie, indem sie sich auf grundlegende Fragen einlässt, eine bestimmte Form. Diese lässt sich als argumentativer Dialog charakterisieren: Die Währung der Philosophie ist das Argument, sodass gilt, dass ihre Klärungsvorschläge einer rationalen Kritisierbarkeit unterliegen. Der Sinn philosophischer Thesen ist nicht ohne die Argumente zu haben, die für oder gegen sie sprechen. Damit geht es in der Philosophie nicht um bloße Meinungen, sondern um rationale Begründungen.

Das hier veranschlagte Verständnis von Philosophie lässt sich damit wie folgt zusammenfassen: Philosophie ist eine Reflexionswissenschaft, der es im Medium eines argumentativen Dialogs um eine Klärung solcher Begriffe geht, die für unser Selbst- und Weltverständnis unverzichtbar sind. Sich philosophisch mit der Musik zu beschäftigen heißt entsprechend zu fragen, im Rahmen welcher Begriffe wir sie sinnvoll aufklären können. Und es heißt vor allem auch zu fragen, welchen Wert und welche Kraft Musik im menschlichen Leben hat. Das in Verbindung mit Design zu tun heißt nicht allein zu fragen, welche Einsichten aus der Musikästhetik sich auch für ein Verständnis des Designs fruchtbar machen lassen. Es heißt vielmehr auch zu fragen, in welcher Weise Design durch Formen der Musik geprägt sein könnte.

Wir alle sind mit Musik vertraut. Zu sagen, was Musik ist und wie sie sich von anderen Gegenständen in der Welt unterscheidet, ist aber alles andere als einfach. Das erste Kapitel diskutiert nahe liegende Alternativen wie diejenige zwischen Physik oder Erlebnis, Emotion oder Vernunft und Ästhetik oder Kunst und zeigt, warum es kein Zufall ist, dass man Musik im herkömmlichen Sinne nicht definieren kann. Zugleich weist es darauf hin, was sich aus dieser Diskussion auch für das Design lernen lässt.

Physik oder Erlebnis?

Was immer wir genauer und im Einzelnen unter Musik verstehen wollen – beginnen wir mit einer scheinbar unschuldigen These. Sie lautet: Alles, was es in der Welt gibt, ist Ausdruck von Naturgesetzen, die die Physik erforscht. Musik gibt es in der Welt. Also ist Musik Ausdruck von Naturgesetzen, die die Physik erforscht. Ein solcher Schluss hat folgende Konsequenz: Wenn wir darüber nachdenken, was Musik ist, sollten wir nicht über Höreindrücke, Erfahrungen, Harmonien und Melodien oder Klänge sprechen, sondern über Schallwellen und Frequenzen. Es wäre dann unsere spezifisch menschliche sinnliche wie kognitive Ausstattung, die dafür sorgen würde, dass wir entsprechende Schallwellen, Frequenzen usf. als Musik hören.

Diese These mag überzeugend anmuten, sie ist aber nicht richtig. Aus der Tatsache, dass man musikalische Ereignisse auch hinsichtlich ihrer physikalischen Grundlagen beschreiben kann, folgt nicht, dass sie nichts anderes sind als das, was sich physikalisch beschreiben lässt. Wenn wir eine Einspielung von Gustav Mahlers [x] *8. Symphonie* hören, sitzen wir nicht neben dem CD-Spieler mit physikalischen Messgeräten, um herauszufinden, was wir hier hören (oder noch abwegiger: um herauszufinden, ob die Einspielung gut oder schlecht ist). Das wäre auch gar nicht möglich: Wir müssen über andere Begriffe und Beschreibungen verfügen als physikalische Begriffe und Beschreibungen, um das, was wir hören, als Musik zu erfassen. Das wird etwa an folgendem Gedanken zugespitzt deutlich:

x
Gustav Mahler 1860–1911
Komponist der musikalischen Moderne, der in seinen Symphonien und Liedern unter anderem markante Zitat- und Kompositionstechniken entwickelte.

Wie sich die *8. Symphonie* von den vorherigen Symphonien Gustav Mahlers unterscheidet, ist nichts, was sich mit Mitteln der Physik beschreiben lässt. Es wäre albern, eine physikalische Analyse erst der *7. Symphonie* und dann der *8. Symphonie* vorzunehmen, um diese Frage zu klären: Alle hier relevanten Begriffe und Beschreibungen sind in Wahrheit keine physikalischen Begriffe und Beschreibungen, sondern solche, die ihren Sinn ausgehend von den Strukturen der Musik in ihrem historischen Gewordensein ebenso wie von unseren Erfahrungen mit dieser Musik erhalten. Ein nicht unwichtiges Detail: Eine solche Analyse würde die Tatsache übergehen, dass das, was man hier hört, jeweils eine bestimmte musikalische Interpretation der *8. Symphonie* wäre. Das musikalische Werk als etwas, das in solchen Interpretationen ausgedrückt wird, aber über die einzelne Interpretation hinausgeht, verschwände auf der Ebene der physikalischen Beschreibung gänzlich.

Der Gedanke, dass wir ausgehend von einer physikalischen Beschreibung zu einer im engeren Sinne musikalischen Beschreibung kommen, ist irrig. In Wahrheit verhält es sich umgekehrt: Wir können überhaupt nur bestimmte musikalische Ereignisse der Welt hinsichtlich ihrer physikalischen Grundlagen beschreiben, weil wir schon vorgängig ein Wissen darum haben, dass sie musikalische Ereignisse sind und was sie als solche auszeichnet. Das heißt nun keineswegs zu bestreiten, dass zumindest einige musikalische Eigenarten wie etwa die Tonhöhe und selbst die Klangfarbe der einzelnen Instrumente auch etwas mit physikalisch beschreibbaren Eigenschaften zu tun haben.[6] Aber was Tonhöhe und Klangfarbe eben nicht bloß als akustische, sondern vielmehr als musikalische Eigenschaften sind – das kann die Physik nicht angemessen beschreiben. Zudem hat die Musik viele Eigenschaften – zum Beispiel, wie eben angedeutet, historische, aber auch expressive (wie Traurigkeit, Fröhlichkeit usf.) –, die sich gar nicht mehr sinnvoll auf die physikalischen Grundlagen der Musik zurückbeziehen lassen.[7]

In der Philosophie des Geistes ˣ findet sich ein gutes Argument, das zeigen kann, dass man die Irreduzibilität der Musik mit Blick auf eine physikalische Beschreibung verteidigen kann, ohne die verrückte These zu vertreten, dass es Musik auch ohne entsprechende physikalische Eigenschaften gibt.[8] Das Argument lautet wie folgt: Von etwas überzeugt zu sein – zum Beispiel, dass heute der 21.09.2019 ist –, ist nicht ohne neuronale Zustände möglich. Der Sinn dieser Überzeugung und der Sinn dessen, was es heißt, eine Überzeugung zu haben, ist aber nicht unter Rückgriff allein auf Begriffe, die Gehirnzustände und neuronale Prozesse beschreiben, verstehbar. Nicht allein ist eine Überzeugung wahr oder falsch und damit eine normative Angelegenheit. Demgegenüber liegt ein neuronaler Zustand einfach vor oder nicht und es macht keinen Sinn,

x
Philosophie des Geistes
Der Bereich der Philosophie, der sich mit der Natur mentaler Zustände wie Wahrnehmungen, Überzeugungen, Wünschen, Stimmungen und Gefühlen beschäftigt.

von einem Gehirnzustand zu sagen, er sei wahr oder falsch (allein die Beschreibung von Gehirnzuständen kann wiederum wahr oder falsch sein). Vielmehr kann ein und dieselbe Überzeugung in ganz verschiedenen neuronalen Zuständen verkörpert sein. Wenn der Leser bzw. die Leserin und der Autor dieses Buches beide die Überzeugung haben, dass es gerade 11:38 Uhr ist, so befinden sich ihre Gehirne dennoch nicht in demselben Zustand.

Das neurophysiologische Vokabular setzt das geistige Vokabular logisch voraus (auch wenn geistiges Vokabular neurophysiologische Zustände kausal voraussetzt). Diese Überlegung lässt sich (trotz einiger Disanalogien, die es hier natürlich gibt) auf das Verhältnis musikalischer Eigenschaften und physikalischer Eigenschaften übertragen: Zwar gibt es musikalische Eigenschaften nicht ohne das Vorliegen physikalischer Eigenschaften. Aber was Musik ist und was musikalische Eigenschaften sind, lässt sich nicht auf der Ebene physikalischer Eigenschaften klären. Wer das behauptet, betreibt keine Physik, sondern Metaphysik.

x
Karlheinz Stockhausen 1928–2007
Komponist und Wegbereiter der elektronischen Musik.

x
Neue Musik
Die europäische Kunstmusik nach 1945, die angesichts der politischen und sozialen Katastrophen des 20. Jahrhunderts in ihrer künstlerischen Praxis alle Medien und Formen der Musik einer kritischen Revision unterzogen hat.

x
Elektronische Musik
Musik, die sich elektronischer Klangproduktion bedient, sodass ihre Werke keine herkömmlichen Partituren, sondern Aufnahmen sind. Die elektroakustische Musik hingegen kombiniert dieses Verfahren mit akustischer Klangerzeugung, etwa durch das herkömmliche Instrumentarium.

Der Komponist Karlheinz Stockhausen x, einer der maßgeblichen Vertreter der Neuen Musik x, hat seine eigene Kompositionspraxis so verstanden, dass sie die herkömmlichen Elemente der Musik (Melodie, Harmonie, Rhythmik usf.) zugunsten einer Modifikation der physikalischen Grundlagen der Musik aufgibt oder zumindest neu zu denken versucht. In seinen Arbeiten elektronischer Musik x wie *Gesang der Jünglinge* werden durch die Bearbeitung von physikalischen Parametern neue Klangereignisse produziert. Man darf sich hier allerdings nicht täuschen: Karlheinz Stockhausen ist – anders als er gedacht haben mag –[9] damit nicht zu so etwas wie einer physikalischen Grammatik der Musik vorgestoßen. Vielmehr hat er ein spezifisch künstlerisches Verfahren entwickelt, in dessen Rahmen Musik in durchaus revolutionärer Weise neu gedacht worden ist. Stockhausens Arbeiten zeigen, dass die physikalischen Grundlagen der Musik explizit Teil künstlerischer Verfahren sein können. Aber auch dann ist der Rückgriff auf sie kein Vordringen zu einem (physikalischen) Wesenskern der Musik, sondern eben eine bestimmte künstlerische Operation.

Musik als subjektives Erleben?

Ist Musik in ihrem Sinn mehr und anderes als das, was die Physik (oder auch die Biologie und Chemie) beschreiben können, so drängt sich eine nahe liegende Alternative zu der bisherigen These auf. Sie lautet: Was Musik ist, ist nicht physikalisch zu beschreiben, sondern phänomenologisch ˣ. Wenn wir über Musik nachdenken, sollten wir nicht schauen, ob und in welcher Weise Musik auch physikalisch in der Welt verortet werden kann. Vielmehr sollten wir schauen, wie wir Musik ausgehend von unserem Erleben beschreiben können.

x
Phänomenologie
Philosophische Strömung um die Wende zum 20. Jahrhundert, die besonders mit dem Namen Edmund Husserl (1859–1938) verbunden ist und deren Grundgedanke besagt, dass wir das Wesen einer Sache darin finden können, wie sie sich uns im Bewusstsein zeigt.

Richtig ist an dieser Auffassung Folgendes: Musik ist begrifflich auf eine Perspektive von Lebewesen angewiesen, die sie als Musik erleben können. Das können nur Menschen. Wie auch immer zuverlässig bestimmte Tiere auf Musik reagieren mögen,[10] sie haben keinen Begriff der Musik und können sie damit nicht als Musik erfahren. Wenn man sagt, man habe Musik gehört und wusste nicht, dass es Musik war, so drückt man damit, wenn überhaupt, aus, dass man einen epistemischen Fehler gemacht hat (also einen Fehler hinsichtlich der Art, dass man sich darüber getäuscht hat, womit man es hier zu tun hat). Es macht keinen Sinn, so etwas von Lebewesen zu sagen, die über keinen Begriff der Musik verfügen. Musik zu erleben heißt zu wissen, dass man gerade Musik hört und nicht einfach Geräusche, die zufällig gerade in der natürlichen oder kulturellen Welt entstehen; dass man sich in dieser Frage täuschen kann, widerspricht diesem Gedanken nicht, sondern ist eine Konsequenz daraus.

Dass Musik von zufälligen Geräuschen unterschieden werden muss, gilt selbst noch für den Fall, in dem solche zufälligen Geräusche ein kalkulierter Teil der Aufführung eines musikalischen Werks werden. Bei der musikalischen Interpretation eines der wohl berühmtesten Werke der Neuen Musik, John Cages ˣ 1952 komponiertem *4:33*, setzt sich ein Pianist bzw. eine Pianistin an den Flügel, klappt ihn (mehrmals) auf und zu und spielt genau damit die Partitur. Die Partitur zerfällt durchaus klassisch in drei Teile – aber diese bestehen allein aus Stille, sodass kein Ton auf dem Klavier zu hören ist. Was man demgegenüber eventuell hört, sind die

x
John Cage
1912–1992
Komponist, der durch die Integration von Aleatorik (Zufall) und performativer Dimensionen den Musikbegriff entscheidend erweitert hat.

Hintergrundgeräusche während der Interpretation des Werks. Man könnte das Werk damit nicht allein so deuten, dass es die Stille als für jede Musik wesentlichen Kontrast ins Zentrum rückt. Vielmehr könnte man es auch so deuten, dass auf einmal Geräusche, die sonst außerhalb der Musik sind, selbst Teil der Musik werden. Wie immer eine angemessene Deutung des Werks von Cage aussehen mag: Auch in diesem Fall wären zufällige Geräusche nicht Musik, sondern würden durch ein spezifisches künstlerisches Verfahren und eine besondere Arbeit mit Stille als musikalischem Material erst zu einem Teil der Musik gemacht.

Es ist also so, dass es Musik als Musik nur für Lebewesen gibt, die über den Begriff der Musik verfügen. Aus dieser Einsicht folgt aber noch nicht die These, dass Musik das ist, was wir als Musik erleben. Denn diese These ist zu subjektivistisch. Wenn Musik aufgehen würde in dem, was wir erleben, würde uns der Begriff der Musik selbst zwischen den Fingern zerrinnen. Demgegenüber ist es plausibel zu sagen, dass jeder von uns beim Hören der Improvisationen John Coltranes [x] auf *Blue Train* die Musik anders erlebt, es aber dennoch etwas gibt, das diese Erlebnisse erst verständlich macht. Wäre das nicht so, wäre unser Erleben von Musik gewissermaßen in unseren Kopf eingeschlossen. Um das ad absurdum zu führen: Wenn es so wäre, wüsste ich nicht, ob mein Erlebnis beim Hören von „Moment's Notice" auf *Blue Train* ein vergleichbares Erlebnis wäre, das der Leser bzw. die Leserin beim Hören von Thelonious Monks [x] „Pannonica" auf seinem Album *Brilliant Corners* hätte. Und um das noch etwas weiter zu treiben: Es wäre sogar möglich, dass das Erlebnis meines Gegenübers durch etwas anderes als die Musik verursacht worden ist. Wer Musikerfahrungen subjektivistisch als privates Erleben erläutert, landet bei solchen unverständlichen Konsequenzen.

x
John Coltrane
1926–1967
Jazzsaxofonist, der als zentraler Vertreter des Modern Jazz verschiedene Entwicklungen im Jazz entscheidend beeinflusst hat und unter anderem für seine modale Spielweise bekannt ist. Im modalen Spiel denken die Improvisierenden nicht länger in Akkordrelationen, sondern primär in Tonleitern, Modi, die einem Stück zugrunde liegen.

x
Thelonius Monk
1917–1982
Jazzpianist, der zu den Wegbereitern des Bebops und damit des Modern Jazz gehört.

Jenseits der falschen Alternative

Musik ist weder in Begriffen der Physik angemessen zu beschreiben noch in Begriffen eines subjektiv verstandenen Erlebens. Der ersten Beschreibung fehlt die Erfahrungsqualität der Musik, der zweiten ihre Objektivität. Ich verwende den Begriff der Musikerfahrung terminologisch (also im Sinne einer Festlegung des Gebrauchs dieses Begriffs) dabei so, dass er anders als der Begriff des Musikerlebens eben eine besondere Objektivität verteidigt: Musik zu hören heißt etwa in paradigmatischen Werken der Tradition europäischer Kunstmusik, sich nachvollziehend in die harmonischen, melodischen und rhythmischen Strukturen eines Werks in seiner Interpretation zu vertiefen oder in der Popmusik, in Gestalt der Tanzmusik etwa, sich in seinen Bewegungen im Raum von der Musik selbst bestimmen zu lassen, was eine bestimmte Erfahrungsqualität haben kann. Ein Erlebnis ist demgegenüber ein Zustand eines Subjekts, der nur als Zustand dieses Subjekts beschrieben wird (ohne darauf einzugehen, wodurch dieser Zustand aus der Perspektive des Subjekts selbst hervorgerufen wird und vor allem, ob und inwieweit er angesichts des Gegenstandes ein legitimer oder begründeter Zustand ist).

Im Folgenden möchte ich der Frage dieser Erfahrungsqualität der Musik genauer nachgehen. Wie sich mit der Alternative zwischen Physik und Erleben eine falsche Alternative aufdrängt, so drängt sich auch hinsichtlich der Beschreibung der Musikerfahrung eine falsche Alternative auf: Die Musik entweder als Ausdruck von Emotionen zu hören oder sie als bloße musikalische Struktur zu hören.

Postskriptum zum Design: Der objektive Charakter des Designs entspricht dem objektiven Charakter der Musik. Aus der Tatsache, dass es Musik nur im Rahmen der menschlichen Welt gibt, folgt nicht, dass sie nicht robuster Teil der Wirklichkeit ist und von verschiedenen Subjekten gleichermaßen erfahren werden kann. Genauso folgt aus der Tatsache, dass es Design nur im Rahmen der menschlichen Welt gibt, nicht, dass es nicht robuster Teil der Wirklichkeit ist und von verschiedenen Subjekten gleichermaßen beurteilt werden kann. Anders als der Musik geht dem Design allerdings oft ein starker Erfahrungscharakter ab. Zwar bestimmen die Stühle, auf denen wir sitzen, durchaus unsere Praxis des Sitzens (wie weitergehende soziale Praktiken). Aber das tun sie nicht derart, dass uns das in und durch das Gebrauchen dieser Stühle in Form einer Erfahrung thematisch würde. Diese Unterscheidung ist gleichwohl nicht kategorisch bzw. sie hängt stark von den Arten von Designgegenständen und den Arten von Musik ab, mit denen wir es jeweils zu tun haben. Denn natürlich gibt es Designgegenstände, deren Witz darin besteht, dass sie sich uns im Gebrauchen in bestimmter Weise zeigen (wie es nicht nur für das postmoderne Design der Memphis Group [x] gilt, sondern auch für das Design etwa von Automobilen). Und umgekehrt gibt es Gebrauchsmusik, die nicht an erster Stelle davon lebt, dass sie in besonders markanter Weise erfahren wird. Das konterkariert allerdings nicht die These, dass Musik tendenziell für Erfahrbarkeit gemacht ist und der Gebrauch von Design im Regelfall weniger mit Erfahrbarkeit zu tun hat.

x
Memphis Group
Die Gruppe aus Mailand, deren Protagonist Ettore Sottsass (1917–2007) war, hat sich von klassischen funktionalistischen Ansprüchen ans Design verabschiedet und verspielte, ornamentale sowie stellenweise dysfunktionale Gegenstände vor allem des Industrial Designs hervorgebracht.

Emotion oder Vernunft?

Spätestens seit der Romantik ˣ ist die Musik als eine universelle Sprache der Menschheit verstanden worden, die etwas ausdrücken kann, wozu Worte nicht in der Lage sind.[11] Die Redensart, dass Musik die Sprache der Gefühle sei, ist eine triviale Variante dieses Gedankens und heute fast zum geflügelten Wort geworden. Nicht von der Hand zu weisen ist, dass für viele Menschen die Musikerfahrung deshalb besonders intensiv und relevant ist, weil die Musik, die sie hören, etwas mit ihrem emotionalen Leben zu tun hat.

x
Romantik
Philosophie- und kunsthistorische Epoche, die in der kritischen Nachfolge der Epoche der Aufklärung solche Aspekte betont hat, die gerade nicht in unserer Vernunftausübung aufgehen.

Der Gedanke, dass bestimmte Musik ein besonders inniges Verhältnis zu unserem emotionalen Leben unterhält, ist nicht falsch. Ich möchte in diesem Abschnitt drei Überlegungen entwickeln, die diesen Gedanken verständlich machen sollen und zugleich zeigen, dass er ohne weitere Qualifikation dennoch nicht zutreffend ist. Erstens trifft die Beschreibung, dass Musik Emotionen ausdrückt (ich spreche im Folgenden abkürzend auch von den „expressiven Qualitäten der Musik" und verstehe diese im vorliegenden Abschnitt terminologisch erst einmal so, dass sie Emotionen meinen), keineswegs auf alle Arten von Musik zu. Und umgekehrt gilt: Sehr viele andere Dinge als die Musik drücken ebenfalls Emotionen aus – und das zumeist in eindeutigerer und direkterer Weise (Schreien als Ausdruck von Wut, Weinen als Ausdruck von Trauer). Zweitens ist der in der These, dass Musik Emotionen ausdrückt, vorausgesetzte Begriff der „Emotion" erläuterungsbedürftig. Oft werden Emotionen im Alltag so verstanden, dass sie im Kontrast zu unserer Vernunft stehen. Diese These ist, so werde ich zeigen, falsch. Drittens ist es so, dass man gegenüber der expressiven Theorie der Musikerfahrung in Geschichte und Gegenwart die gegenteilige These findet: Musikerfahrung ist keine Sache der Emotion, sondern eine Sache der Vernunft. Denn sie besteht, so der Gedanke, wesentlich im Nachvollzug der logischen Organisation musikalischer Materialien. Diese Überlegungen werden mich zu der These führen, dass der Unterschied zwischen Emotion und Kognition in der Musikerfahrung unterlaufen werden muss. Zudem werden sie mich zu der Frage führen, ob Musik definiert werden kann.

Was heißt es, dass Musik Emotionen ausdrücken kann?

Es gibt Musik, die Trauer ausdrückt.[12] Und manchmal löst das Hören von Musik in uns auch selbst Emotionen aus. Schon diese beiden Dinge dürfen nicht miteinander verwechselt werden. Das Auslösen von Emotionen durch das Hören von Musik hat nämlich oftmals mit der Musik im engeren Sinne nichts zu tun.[13] Zumeist können die Hörenden erkennen, dass Musik zum Beispiel traurig oder fröhlich ist, ohne dass sie deshalb selbst schon traurig oder fröhlich sein müssten. Die Traurigkeit der Musik zu erfahren setzt nicht voraus, selbst traurig zu werden.

Ein Anhänger bzw. eine Anhängerin der These, dass man selbst traurig sein muss, um die Traurigkeit eines Musikstücks zu verstehen, könnte sie wie folgt versuchen zu verteidigen: Diese These ist nicht als deskriptive These zu verstehen (also als eine These bezüglich der Frage, was wir tun), sondern als normative These (also eine These bezüglich der Frage, was wir tun sollten). Traurig zu werden beim Hören trauriger Musik würde damit zu einem Kriterium einer angemessenen Reaktion auf Musik. Aber dadurch wird die These nicht besser: Wer Schuberts x *Winterreise* nur deshalb hört, um in eine traurige Stimmung zu kommen, hört wenig von dem, worum es hier geht. Die *Winterreise* zu hören heißt etwas anderes, als dieses Werk bloß als emotionales Aphrodisiakum zu benutzen (also bestimmte Musik zu hören, um zum Beispiel in eine bestimmte Stimmung zu kommen o.Ä.). Zudem wäre sehr erläuterungsbedürftig, warum man solche Musik überhaupt hören sollte, wenn ihr Witz darin bestünde, dass sie uns traurig macht.[14]

x **Franz Schubert 1797–1828** österreichischer Komponist der Romantik, der unter anderem maßgeblich das Kunstlied beeinflusst hat.

Davon abgesehen gibt es Musik, auf die eine emotionale Reaktion schlichtweg unangemessen wäre und Ausdruck eines Missverständnisses. Wer angesichts von Karlheinz Stockhausens bereits erwähntem *Gesang der Jünglinge* über die Klarheit und Schönheit der aufgenommenen Knabenstimmen in Tränen ausbricht, reagiert auf ein Element, das in das Werk eingespeist ist, aber nicht auf das Werk selbst (das aus einer besonderen Konstellation von Elementen und ihrem Verhältnis zueinander besteht). Mag einige Popmusik in wenig subtiler Weise darauf angelegt sein, bestimmte Emotionen in den Zuhörern auszulösen, so gilt das ganz sicher nicht für alle Musik (und auch nicht für alle Popmusik). Wer auf alle Musik bloß emotional reagiert, erfährt die Musik nicht als Musik.

Eine nahe liegende Alternative zur Erklärung musikalischer Expressivität unter Rückgriff auf emotionale Reaktionen von Hörern und Hörerinnen besteht darin, sie als Ausdruck der Emotionen von Musikern bzw. Musikerinnen zu deuten. Die expressiven Qualitäten der Musik sind auf die Emotionen zurückzuführen, die Komponisten und Komponistinnen, Instrumentalisten und Instrumentalistinnen, Musikproduzenten und Musikproduzentinnen usf. im Akt des Hervorbringens der Musik hatten. Allerdings ist diese These aus ähnlichen Gründen falsch wie die vorher diskutierte These. Man kann Musik mit expressiven Qualitäten komponieren, ohne sich selbst beim Komponieren in dem emotionalen Zustand befunden zu haben, der von der Musik ausgedrückt wird. Man kann sogar Musik mit bestimmten expressiven Qualitäten komponieren und währenddessen in einem ganz anderen emotionalen Zustand sein als der Emotion, die von der entsprechenden Musik ausgedrückt wird. Es spricht nichts dagegen, dass man traurige Musik mit Wut im Bauch über das Fehlverhalten eines Kollegen komponiert.

Wenn wir uns zudem darüber klar werden, dass Komponisten und Komponistinnen gerade in der europäischen Kunstmusik manchmal mehrere Jahre an einem Werk schreiben, so wird der Gedanke immer absurder, dass sie sich in dem emotionalen Zustand oder den Zuständen befunden haben müssen, die vom Werk ausgedrückt werden. Man kann sagen: Der musikalische Ausdruck von Emotionen ist mit Blick auf die Emotionen derjenigen, die die Musik hervorbringen, nicht transparent. Die Musik ist nicht einfach ein Spiegel der Zustände derjenigen, die sie hervorbringen. Damit Musik traurig ist, reicht es nicht, dass der Komponist traurig ist (oder überhaupt in einem emotionalen Zustand); er muss Musik hervorbringen, die die expressive Qualität der Traurigkeit hat, in gleich welchem Zustand er sich selbst befand. Die expressiven Qualitäten der Musik sind Emotionen, die von der Musik selbst ausgedrückt werden und nicht von den Rezipient:innen und Produzent:innen.

Was sind Emotionen?

Richtig ist allerdings die These, dass einige Arten von Musik durchaus Gefühle ausdrücken. Damit ist es der Fall, dass Musik grundsätzlich in der Lage ist, Gefühle auszudrücken. Aber wie ist das möglich? Diese Frage bereitet der Philosophie nach wie vor viel Kopfzerbrechen. Das hat folgenden Grund: Emotionen x können nur von Lebewesen ausgedrückt werden und diese Lebewesen müssen bestimmte kognitive und sinnliche Fähigkeiten haben, damit das möglich ist. Ein Stein kann weder fröhlich noch traurig sein und eine Spinne auch nicht. Menschen hingegen können fröhlich und traurig sein. Das Problem ist: Musik wird zwar von menschlichen Lebewesen hervorgebracht, ist aber selbst kein Lebewesen. Wie ist es also möglich, dass Musik Emotionen ausdrücken kann? Ein Hinweis für die Richtung einer Antwort lässt sich aus der Tatsache entnehmen, dass das Ausdrücken von Emotionen in der Musik vom Fall des Sprechens über Emotionen zu unterscheiden ist. Ob ich ein trauriges Gesicht mache oder über meine Trauer spreche, macht einen großen Unterschied. Der musikalische Ausdruck von Trauer scheint eher etwas mit der Art und Weise zu tun zu haben, wie ein Gesichtsausdruck Trauer ausdrückt, als mit der Art Weise, wie wir im Sprechen auf Trauer Bezug nehmen.[15] Mit anderen Worten: Die Musik drückt häufig Emotionen aus, ohne sie als Emotionen zugleich darzustellen.

x
Emotionen
werden in den letzten Dekaden vor allem in der Emotionsphilosophie diskutiert, die sich mit dem Verhältnis von Vernunft und Emotion beschäftigt. Terminologisch kann man sie von Empfindungen oder Gefühlen dahingehend unterscheiden, dass sie eine kognitive Dimension haben.

Die derzeit vielleicht einflussreichste Theorie musikalischer Expressivität nimmt diese Beobachtung auf. Dabei handelt es sich um die in der angloamerikanischen Ästhetik formulierte Konturtheorie musikalischer Expressivität. Sie ist in unterschiedlichen Varianten vor allem von Peter Kivy und Stephen Davies x vertreten worden.[16] Ihr Grundgedanke lautet wie folgt: Wir nehmen Musik als traurig in etwa so wahr, wie wir das Gesicht eines Bernhardiners oder die Gestalt der Trauerweide als traurig wahrnehmen. Expressive Qualitäten der Musik werden durch strukturelle Ähnlichkeiten zu Gesten, Gebärden, Körperhaltungen usf. erläutert, die Emotionen ausdrücken: Wie traurige Menschen dazu tendieren, langsam zu gehen und eher träge zu sein, so ist traurige Musik auch oft langsam und träge.

x
Peter Kivy
1934–2017
Stephen Davies
***1950**
Mit Jerrold Levinson (*1948) zentrale Figuren der ersten Generation der angloamerikanischen Musikphilosophie.

Gegen die Konturtheorie musikalischer Expressivität gibt es natürlich viele gut begründete Einwände.[17] Es ist hier nicht relevant, den Argumenten, die für oder gegen sie sprechen, genauer nachzugehen. Vielmehr soll als Vorzug dieser Art von Theorie Folgendes betont werden, was als Grundlage für jede Theorie des musikalischen Ausdrucks gelten kann: Das Ausdrücken von Emotionen ist in der Musik weder als Projektion seitens der Rezipient:innen zu verstehen noch als etwas, was von Musikmachenden in die Musik gesteckt wird. Es handelt sich hier um Eigenschaften der Musik selbst, die es im Hören zu entdecken gilt und bei denen man auch falsche Zuschreibungen machen kann (ein trauriges Stück etwa als fröhliches Stück hören oder ein Stück, bei dem traurig und fröhlich ineinander übergehen, als bloß trauriges oder bloß fröhliches Stück zu hören).

Wenn die Konturtheorie das Entdecken von Ähnlichkeiten ins Zentrum stellt, so sollte klar sein, dass Emotionen eine wesentlich kognitive und damit urteilsförmige Seite haben. Auch diesen Gedanken halte ich für unhintergehbar für jede ernst zu nehmende Theorie musikalischer Expressivität. Emotionen sind keine bloß körperlichen Zustände, sondern immer auch Ausdruck unserer Vernunft.[18] Das kann man sich an einem einfachen Beispiel klar machen. Wenn ich Furcht vor einem bellenden Hund habe, so setzt das nicht allein voraus, dass meine Furcht von einem bellenden Hund verursacht worden ist. Verursacht werden kann nämlich vieles von vielem. Ein Verweis auf Ursachen begründet aber noch keine Emotion. Was hier fehlt, ist die Tatsache, dass die Furcht mit einer Beurteilung des Hundes als gefährlich einhergeht. Um Emotionen zu verstehen, reicht es nicht, Subjekte und ihre Umwelten und die Reaktionen auf diese Umwelten zu betrachten. Es muss vielmehr auch die Perspektive des Subjekts als einer urteilenden Instanz in Rechnung gestellt werden.

Emotionen sind einer solchen Auffassung nach eine besondere Form des Urteilens. Wenn das richtig ist, impliziert das auch folgende weiter gehende These: Furcht kann begründet oder unbegründet sein und emotionale Reaktionen können damit angemessen oder unangemessen ausfallen. Wenn ich feststelle, dass dort gar kein Hund ist, oder feststelle, dass die vermeintliche Bestie der freundliche Dackel der Nachbarin ist, so verfliegt die Furcht im Regelfall sofort. Der Hund muss also auf eine bestimmte Weise beschaffen sein, um tatsächlich meine Furcht zu begründen. Ein emotionaler Zustand wie derjenige der Furcht ist ein Zustand, der gar nicht unabhängig von unserer Vernunft erläutert werden kann. Sich vor etwas zu fürchten schließt ein Urteil über das Objekt der Furcht mit ein.[19]

Nun ist Urteilen selbst natürlich noch keine Emotion. Wenn man urteilt, dass vier und fünf neun ist, so geht das sicherlich normalerweise nicht mit irgendwelchen Emotionen einher. Jüngere emotionsphilosophische Positionen wie etwa diejenige von Peter Goldie [x] haben deshalb überzeugend geltend gemacht,[20] dass wir es erst dann mit einer Emotion zu tun haben, wenn dieses Urteil zugleich mit einer körperlichen Empfindung verbunden ist. Terminologisch kann man solche körperlichen Empfindungen als „Gefühl" fassen und geltend machen, dass „Gefühle" ein Aspekt von Emotionen sind, aber eben nicht auf diese reduzierbar. Anders als Gefühle, also körperliche Empfindungen, haben sie eine Urteilsdimension; anders als Urteile hingegen eine Gefühlsdimension. Man versteht Furcht nicht, wenn man nicht versteht, dass es sich hier um ein Urteil handelt, das mit bestimmten körperlichen Empfindungen und Reaktionen konstitutiv verbunden ist. Dabei darf eine Emotion nicht als bloße Kombination von zwei Elementen, nämlich Gefühl und Urteil, verstanden werden. Sie besteht vielmehr darin, dass man in einer Weise urteilt, die wesentlich zugleich in einem Gefühl verkörpert wird.

x
Peter Goldie
1946–2011
Philosoph, der vor allem durch Arbeiten in der philosophischen Emotionstheorie hervorgetreten ist.

Diese kurzen Bemerkungen, die die kognitive Seite von Emotionen verteidigen, ohne Emotionen auf Kognitionen zu reduzieren, lassen sich sicherlich nicht auf alles, was wir „Emotion" nennen, umstandslos ausweiten.[21] Anhand ihrer wird aber grundsätzlich Folgendes ersichtlich: Es ist falsch, Musik deshalb, weil sie in der Lage ist, Emotionen auszudrücken, als etwas zu verstehen, was wir mit der Vernunft nicht fassen können. Emotionen sind ein alltäglicher und unproblematischer Aspekt unserer Vernunft selbst.

Das Gesagte impliziert zugleich, dass ein Blick auf die Emotionen, die Musik ausdrückt, noch nicht deren spezifischen Erfahrungscharakter verständlich machen können. Denn die Musik selbst ist in keinem emotionalen Zustand, wie auch die Rezipient:innen und Produzent:innen sich nicht in dem Zustand der von der Musik ausgedrückten Emotion befinden müssen, um sie angemessen zu verstehen. Emotionen haben einen spezifischen Erfahrungscharakter, von der Musik ausgedrückte Emotionen haben das zunächst nicht. Würden wir diesen Unterschied nivellieren, so würden wir die Musik selbst durchstreichen. Schauen wir allein auf die expressiven Qualitäten von Musik im Sinne der Emotionen, die diese ausdrückt, so ist damit wenig gewonnen. Es bedarf zugleich einer Perspektive auf Formen und Strukturen der Musik.[22]

Musik als Ausdruck unserer Vernunft

Die nahe liegende Alternative zu der These, dass Musikerfahrung primär im Erfahren der expressiven Qualitäten von Musik besteht, ist es zu sagen, dass Musikerfahrung in einem Nachvollzug der Struktur der Musik bestehe und nicht in ihren expressiven Qualitäten. In Geschichte und Gegenwart ist häufig der logische, manchmal sogar der mathematische Charakter der Musik betont worden. Im antiken Griechenland waren die Pythagoreer [x] zum Beispiel der Auffassung, dass die Bewegungen der Planeten für uns unhörbare Musik produzierten, sogenannte Sphärenmusik. Pythagoras kam zu dieser Auffassung, weil er die Zahl als Prinzip der Wirklichkeit verstand. Begreiflicher als eine solche Zahlenmystik ist heute der Gedanke, dass die Werke der europäischen Kunstmusik der Neuzeit (von Bach über Beethoven bis ins 20. Jahrhundert) eine je eigene Logik aufweisen. In den paradigmatischen Werken der europäischen Kunstmusik scheint alles in einer schlüssigen Weise auseinander zu folgen, obwohl sie doch nicht einfach etwas sind, was durch logische Regeln zustande gekommen ist (wie Beethoven konnte schließlich nur Beethoven komponieren).

x
Pythagoras
6. Jh. v. Chr.
Griechischer Philosoph und Mathematiker.

x
Zwölftontechnik
Technik, die darin besteht, durch Verfahren Reihen von Tonfolgen hervorzubringen, die allen Tönen einen gleichberechtigten Status geben und deshalb nicht länger herkömmlichen Entwicklungsprinzipien von Melodien, Harmonien und Rhythmen folgen. Der Serialismus erweitert das Prinzip auf alle Parameter der Musik.

x
Arnold Schönberg
1874–1951
Zentraler Komponist der ersten Hälfte des 20. Jahrhunderts, der unter anderem die Zwölftontechnik entwickelt und dadurch zahlreiche kunsttheoretische Debatten im 20. Jahrhundert geprägt hat.

x
Werkparadigma
Prinzip musikalischer Praxis, das zwischen der Komposition eines Werkes und seiner musikalischen Interpretation unterscheidet, wobei dem Werk eine Autorität über die Interpretation zugesprochen wird (sie drückt sich unter anderem in der Rolle der musikalischen Partitur aus, die kein Hilfsmittel mehr für die musikalische Praxis ist, sondern konstitutive Eigenschaften der Interpretation festlegt).

x
Eduard Hanslick
1825–1904
Musikkritiker und Musiktheoretiker.

x
Fuge
Kompositionsprinzip polyphoner (mehrstimmiger) Musik, das zu Zeiten des Barock entwickelt worden ist.

Dieser logische Charakter ist vor allem auf der konstruktiven Ebene der Musik anzusiedeln und damit auf der Ebene der Organisation ihrer Materialien. Das wird besonders deutlich in der Musik zu Beginn des 20. Jahrhunderts und hier paradigmatisch in der Zwölftontechnik x Schönbergs x. Letztlich lässt sich alle Musik spätestens seit der Genese des Werkparadigmas x zu Beethovens Zeiten hinsichtlich ihrer logischen Struktur analysieren. Und in der Musikphilosophie ist vor allem Eduard Hanslicks x Position mit ihrer These, dass Musik als „tönend bewegte Form" zu verstehen sei,[23] als Profilierung dieses quasilogischen Charakters formuliert worden (und im Fall Hanslicks zugleich als scharfe Kritik an expressivistischen Theorien). In Werken wie Schönbergs *Klavierstück op. 33a* wird deshalb allein ein Aspekt radikalisiert, der für die europäische Kunstmusik insgesamt charakteristisch ist: dass ihre Werke nicht allein eine bestimmte logische Struktur haben, sondern dass diese Logik auf der Gemachtheit der musikalischen Materialien selbst fußt.

Musik ist nicht aus natürlichen Elementen zusammengesetzt, sondern die Elemente und Parameter der Musik sind Ausdruck von Kulturtechniken und damit immer auch historisch. So ist noch die Gliederung des abendländischen Tonsystems in zwölf Halbtöne eine kulturhistorische Errungenschaft bzw. ein bestimmtes und keineswegs transkulturell gültiges Prinzip der Organisation des musikalischen Materials (oder genauer gesagt sogar der Konstitution des musikalischen Materials).[24] Bachs *Wohltemperiertes Klavier*, das eine Sammlung von Vorspielen und Fugen x in allen zwölf Tonarten ist, ist erst dadurch möglich geworden, dass eine Stimmung von Instrumenten entwickelt worden war, die das Intervall der Oktave in zwölf gleich große Schritte unterteilt.

Diese Gemachtheit gilt auch für die melodischen, rhythmischen und harmonischen Eigenarten von Musik. Die Konstruktion der Melodie eines Musikstücks lässt sich immer auch aus der Perspektive untersuchen, wie eine solche Melodie entwickelt wird; wie sie in Form von Wiederholungen, Transpositionen, Stauchungen oder Streckungen einen bestimmten Gang und einen bestimmten Verlauf nimmt. Die Konstruktion der Harmonien [x] eines Werks lässt sich dahingehend analysieren, wie die einzelnen Teile des Werks sich in einer Tonart bewegen oder durch verschiedenen Tonarten gehen („modulieren“) und dabei Spannungen, Entspannungen usf. produzieren. Die Konstruktion des Rhythmus [x] schließlich lässt sich hinsichtlich der Aufteilung des zugrunde liegenden Taktes analysieren (oder in der Polyrhythmik auch Schichten verschiedener rhythmischer Organisationen übereinander). Europäische Kunstmusik angemessen zu hören heißt zumeist, solche Formen und Strukturen hörend nachzuvollziehen. Mit Blick auf derartige Musik ist der Gedanke durchaus verständlich, dass Musik ebenso viel mit Logik wie mit Emotionen zu tun hat. Um keine Missverständnisse aufkommen zu lassen: Solche Musik angemessen zu hören heißt nicht unbedingt, über ein technisches Vokabular der Beschreibung von ihr zu verfügen (man muss nicht wissen, was eine klassische Kadenz ist oder eine Tritonussubstitution, um die musikalische Bewegung von einem Spannungsverhältnis zurück zum Ruhepunkt zu hören). Es meint aber ein verständiges Hören von Strukturen und nicht allein das Identifizieren von Emotionen, die durch die Musik ausgedrückt werden.

x
Harmonie
Die Harmonielehre analysiert die Struktur des Zusammenklangs mehrerer Töne (Akkorde) in ihrer Abfolge.

x
Rhythmus
Ergibt sich aus der Kombination von Dauern der einzelnen gespielten Töne oder Klänge relativ auf ein zugrunde liegendes Metrum.

Ist Musik also eher eine Sache des Entdeckens der expressiven Eigenschaften oder eine Sache des verstehenden Nachvollzugs der Strukturlogik der jeweiligen Musik? Diese Alternative ist eine falsche Alternative.

Musik, die expressive Qualitäten im bislang diskutierten Sinne hat, ist auf eine Erfahrungsperspektive angewiesen: Damit Musik tatsächlich Emotionen auszudrücken in der Lage ist, muss sie von den Hörenden nachvollzogen werden.[25] Umgekehrt heißt die Struktur der Musik nachzuvollziehen keineswegs, sie einfach hinsichtlich ihrer harmonischen, melodischen oder rhythmischen Grammatik zu lesen. Musik kann man nicht wie ein Logikrätsel entschlüsseln. Vielmehr muss der Nachvollzug auch der harmonischen, melodischen und rhythmischen – kurz: der materialen und formalen Eigenarten der Musik – so erläutert werden, dass er nicht einfach ein Dekodieren ist, sondern etwas, das nicht ersetzbar und abkürzbar ist. Emotionale Qualitäten der Musik sind auf einen Nachvollzug der Struktur der Musik angewiesen. Ein Nachvollzug der Struktur der Musik ist so zu erläutern, dass er eine bestimmte Erfahrungsqualität hat.

Warum sich der Musikbegriff nicht definieren lässt

Diese Überlegungen zum emotionalen wie logischen Charakter der Musik haben die Unterschiedlichkeit verschiedener Arten von Musik betont. Ich möchte den Abschnitt mit einigen weiter gehenden Bemerkungen dazu beschließen.

Um es noch einmal deutlich zu sagen: Nicht alle Musik lebt vom Ausdrücken von Emotionen. Umgekehrt versteht man aber auch einige Arten von Musik kolossal falsch, wenn man sie rein strukturell zu hören versucht. Mag die Harmoniesprache der Tracks auf Stings *... Nothing like the Sun* ziemlich ausgefeilt sein und mögen die Arrangements von Peter Gabriels 80er-Jahre-Album *So* komplex sein – an Stings und Peter Gabriels Musik verpasst man etwas, wenn man sie nur in die Tradition europäischer Kunstmusik einrückt und fragt, wie sie unter anderem die rhythmischen, melodischen und harmonischen Dimensionen der Musik gestalten. Wer die Tracks auf Kraftwerks *Die Mensch-Maschine* für die Schlichtheit ihrer Harmoniesprache kritisiert, hat diese Musik ebenso wenig verstanden, wie er die Musik von Miles Davis [x] verstanden hat, wenn er seinen fragilen Ton auf

x
Miles Davis
1926–1991
Trompeter des Modern Jazz. Er zählt zu den wichtigsten Jazzmusikern und gilt als Wegbereiter verschiedener Jazzstile (wie zum Beispiel dem Hard Bop und dem Jazzrock).

Kind of Blue kritisiert. Und auch wenn der Modern Jazz komplexe harmonische Formen hervorgebracht hat, die der europäischen Kunstmusik der Spätromantik in nichts nachstehen: Wer bei den meisten Jazzperformances nicht auch auf die energetische Dimension und die Ungesichertheit der Darbietung, die sich aus dem improvisatorischen Charakter der meisten Jazzmusik ergibt, hört, der hört schlichtweg an dieser Musik vorbei. Umgekehrt gibt es durchaus viel Popmusik, aber auch viel Musik der Spätromantik und im Jazz, die man nicht angemessen verstehen kann, ohne zu verstehen, welche Emotionen von ihr ausgedrückt werden.

Diese Bemerkungen zeigen an, dass es problematisch ist, eine uniforme Definition der Musik zu formulieren. Unter einer Definition wird in der Philosophie die Angabe jeweils notwendiger und zusammen hinreichender Bedingungen verstanden. Man versucht durch die richtigen Bedingungen Musik und nur Musik aus allen Gegenständen der Welt herauszugreifen (und macht zum Beispiel einen Fehler, wenn man Musik zu definieren versucht, aber in der Menge der Dinge, die von der Definition herausgegriffen werden, neben musikalischen Darbietungen auch noch Fernsehsendungen und Tische hat). Ludwig Wittgenstein [x] hat in seinen *Philosophischen Untersuchungen* der Philosophie ins Stammbuch geschrieben, dass einen Begriff zu klären durchaus nicht immer heißen muss, eine solche Definition zu formulieren. Vielmehr kann es in einem wachen Blick auf die pluralen Verwendungen dieses Begriffs in unserer Sprachpraxis bestehen.[26] Das legt nahe, dass die Art und Weise, auf die etwas Musik ist, durchaus unterschiedlich sein kann. Positiv formuliert: Es gibt nicht eine Art und Weise, auf die etwas Musik qua Musik ist.

x
Ludwig Wittgenstein
1889–1951
Philosoph, der vor allem in der Sprachphilosophie und Philosophie des Geistes bahnbrechende Arbeiten vorgelegt hat.

Diesen Gedanken kann man anders auch so erläutern, dass etwas Entscheidendes an der Musik übersehen wird, wenn sie als abstrakte Struktur (etwa in dem Sinne, dass sie aus bestimmten harmonischen Progressionen aufgebaut ist) versteht. Sie muss vielmehr als eine kollektive Praxis begriffen werden. Wer verstehen will, was Musik ist, sollte nicht ausschließlich auf harmonische, rhythmische und melodische Aspekte der Musik schauen, sondern beobachten, was Musizierende eigentlich tun. Und die Praktiken, in denen Musiker:innen des Free Jazz [x] involviert sind, sind durchaus andere als die Praktiken im Kontext der Neuen Musik, die Aspekte der Improvisation inkorporieren. Theoretische Beschreibungen der Musik wie etwa diejenige der Harmonielehre dringen damit keineswegs zu einem hinter den Dingen liegenden Wesen der Musik vor. Aus der Tatsache, dass man noch Technomusik auf ihre harmonische Struktur hin analysieren kann, folgt weder, dass sich dadurch viel über diese Musik lernen lässt (schließlich kann man, wie im ersten Abschnitt festgehalten, alles auf alle möglichen Weisen beschreiben), noch, dass es sich hier um eine zentrale Dimension dieser Musik handelt. Musik lässt sich, so relevant harmonische, melodische und rhythmische Analysen für viele Arten von Musik sein mögen, nicht auf ein einheitliches Set von Merkmalen bringen.

x
Free Jazz
Stil und Praxis des Jazz, die seit den 1960er-Jahren viele als für den Jazz verbindliche melodische, harmonische und rhythmische Dimensionen zugunsten freierer und offenerer Formen aufgelöst hat. Seine Grenzen zur freien Improvisation sind gerade im europäischen Jazz fließend.

Musik gibt es als Musik nur aus der Perspektive des Nachvollzugs der Musik, die von denjenigen, die an ihr teilhaben, als in bestimmter Weise werthaft verstanden wird. Wenn das aber keine uniforme Definition des Begriffs sein soll, muss zugleich die Unterschiedlichkeit musikalischer Praktiken auch mit Blick auf die Frage, was genau an solchen Erfahrungen werthaft sein soll, im Blick gehalten werden. Zu dieser Frage wird der folgende Abschnitt einen Vorschlag unterbreiten, indem er in gebotener Kürze die Frage diskutiert, inwieweit Musik eine Kunstform ist und was das bedeutet. Das folgende zweite Kapitel gilt dann einer genaueren Ausbuchstabierung des nichtuniformen Charakters der Musik, indem die europäische Kunstmusik, der Jazz und die Popmusik als drei paradigmatische Formen musikalischer Praxis analysiert werden.

Postskriptum zum Design: Der Stil von Designgegenständen wird oft und ziemlich hilflos so erläutert, dass er neben der rohen Funktion auch noch emotionale Qualitäten transportiere. Auch wenn das Design anders als die Musik weniger im Verdacht steht, ein besonders inniges Verhältnis zu unserem emotionalen Leben zu haben: Das, was in diesem Abschnitt zu den expressiven Qualitäten von Musik gesagt worden ist, lässt sich umstandslos auf das Design übertragen. Wenn Designgegenstände expressive Qualitäten haben, so sind diese weder auf Zustände ihrer Nutzer und Nutzerinnen zurückzuführen noch auf Zustände ihrer Produzenten und Produzentinnen. Sie sind vielmehr Eigenarten, die sich an den Gegenständen selbst entdecken lassen. Solche Eigenarten zu entdecken ist eine Frage des angemessenen Urteilens und keine Frage eines Gefühls (das, wie ich geltend gemacht habe, nur dann eine Emotion ist, wenn es zugleich konstitutiv mit einem Urteilen verbunden ist).

Ästhetik oder Kunst?

Die bisherigen Überlegungen haben immer wieder den nichtuniformen Charakter der Musik betont. Diesen Gedanken muss man richtig verstehen. Er ist nicht so gemeint, dass Musik aus verschiedenen Dingen besteht, die miteinander nichts zu tun hätten. Er ist vielmehr so gemeint, dass es keine unschuldige Definition der Musik geben kann. So richtig es sein mag, Musik vor allem als eine Zeitkunst zu qualifizieren und so richtig es sein mag, den Klang als ausgezeichnetes oder sogar primäres Material der Musik zu verstehen: Jede Definition dieser Begriffe im engeren Sinn würde dazu führen, bestimmte Arten von Musik zu bevorzugen und andere auszuschließen. Was es heißt, dass Musik eine Zeitkunst ist, nimmt sich anders aus, wenn man diesen Gedanken mit Blick auf die Symphonien Beethovens entwickelt oder mit Blick auf Trance-Tracks oder Ambience-Tracks der Popmusik. Erstere kennen eine Art dialektischer Bewegung in und durch die Musik,[27] Letztere hingegen weisen zumeist eine statische Zeitlichkeit auf, in der es keine innermusikalische Entwicklung gibt.

Was es heißt, dass Klang das ausgezeichnete Material der Musik ist, nimmt sich anders aus, wenn man es auf die späten Improvisationen von John Coltrane bezieht, die anhand des Begriffs der „Sheets of Sound" charakterisiert worden sind,[28] oder auf jüngere Entwicklungen der Neuen Musik, die das musikalische Material auf andere Materialien und Medien hin entgrenzen. Als paradigmatisch für Letzteres kann Johannes Kreidlers [x] Neuer Konzeptualismus gelten, der Musik ausgehend von Verfahren, die ursprünglich im Kontext der bildenden Kunst entstanden sind, nämlich der konzeptuellen Kunst, neu zu denken versucht. Im Rahmen seiner Arbeit *Charts Music* von 2009, die damit im direkten Umfeld der Wirtschaftskrise erschienen ist, hat er Aktienkurse in Microsofts Musikprogramm Songsmith eingespeist. Wer hier nur auf die Klänge hört, verpasst alles, was hier von Relevanz ist – die politischen, medientheoretischen und institutionellen Kontexte ebenso wie vor allem den Witz der Arbeit. Anders könnte man auch sagen: In bestimmten Entwicklungen der jüngeren Neuen Musik wird herkömmlich verstandene Musik nicht nur ein Element unter vielen Elementen, sondern der Musikbegriff selbst wird neu bestimmt.

x
Johannes Kreidler
***1980**
gehört zu den Protagonisten der zeitgenössischen Musik, die die Musik hin zu Künsten wie der Konzeptkunst und der Medienkunst entgrenzen.

Eines sollte klar sein: Dass sich Musik [x] nicht im herkömmlichen Sinn definieren, sondern nur in ihren ausdifferenzierten Praktiken nachvollziehen lässt, liegt nicht daran, dass man zu wenig Wissen darüber hat, was alles zur Musik gehört. Es liegt schlichtweg daran, dass Musik eine Praxis ist, die sich geschichtlich entwickelt und die dabei alle ihre Materialien in dieser geschichtlichen Entwicklung hervorbringt und beständig transformiert. Wenn ich dabei europäische Kunstmusik, Jazz und Pop als paradigmatische Praxisformen der Musik begreife, so ist damit nicht gesagt, dass es keine weiteren gibt, noch bestritten, dass sie in vielfältigem Austausch zueinander stehen. Es ist damit allein betont, dass es mehr als eine Art und Weise gibt, auf die etwas Musik ist – und dass das, was es heißt, Musik in ihrem Gelingen oder Misslingen zu beurteilen, je nach Art der Musik etwas durchaus Unterschiedliches heißen kann. Über musikalisches Gelingen und Scheitern nachzudenken und damit über eine normative Frage, sollte kurz gesagt nicht selbst normativ in dem problematischen Sinn werden, dass man im Vorhinein bestimmte Musik aus den legitimen Gegenständen der Musik ausschließt (beliebt ist hier, den Jazz als Schwundstufe der Werke aus der Tradition europäischer Kunstmusik zu verstehen oder Popmusik insgesamt für ein niedere Gattung zu halten).[29] Es muss vielmehr darum gehen, sich im Denken (und Hören) für die je unterschiedlichen Arten des Gelingens von Musik offen zu halten.

x
Musik
Auf eine Definition von Musik wird an dieser Stelle bewusst verzichtet, allerdings nicht auf den Anspruch, Musik von anderen künstlerischen und ästhetischen Phänomenen abzugrenzen. Argumente, die gegen eine klassische Definition sprechen, sind unter anderem die historische Veränderbarkeit der Musik, ihre Ausdifferenziertheit sowie die Ungesichertheit der Materialien der Musik.

Wenn eine herkömmliche Definition von Musik somit nicht allein unmöglich ist, sondern auch gar nicht wünschenswert, lässt sich die Frage des je unterschiedlichen Gelingens von Musik gleichwohl im Rahmen der Unterscheidung von Musik als ästhetischem Phänomen und der Musik als künstlerischem Phänomen allgemeiner in den Blick nehmen. Um eine Klärung dieser beiden Begriffe soll es im Folgenden gehen. Die These wird dabei lauten, dass alle Musik ein ästhetisches Phänomen ist, dass aber nur einige Musik ein künstlerisches Phänomen ist. Ästhetik und Kunst müssen, auch wenn Kunst Ästhetik voraussetzt, unterschieden werden. Diese Unterscheidung liegt meinem Verständnis nach dabei quer zu den genannten Praxisformen der Musik. Es ist keineswegs richtig, dass alle Musik in der Tradition europäischer Kunstmusik qua Zugehörigkeit zu dieser Art von

Musik schon unzweifelhaft Kunst ist, wie es keineswegs richtig ist, dass alle Popmusik qua Popmusik schon keine Kunst ist. Zwar scheint es mir durchaus richtig zu sagen, dass vieles in der Tradition der europäischen Kunstmusik und wenig in der Popmusik Kunst ist. Aber das heißt im Sinne des Gesagten erstens nicht, dass Kunst für europäische Kunstmusik exklusiv wäre und es meint auch kein Werturteil derart, dass eine Musik qua Kunst schon bessere Musik wäre als Musik, die keine Kunst ist. Denn es gibt verschiedene Arten und Weisen, auf die Musik gelingen kann. Musik kann ästhetisch gelingen oder als Kunst gelingen.

Was ist Ästhetik?

x
Ästhetik
Die Disziplin der Philosophie, die sich mit Phänomenen beschäftigt, die traditionellerweise dem Schönen, der Kunst und dem Sinnlichen zugerechnet werden. Als eigenständige Disziplin ist sie durch Alexander Gottlieb Baumgarten (1714–1762) begründet worden.

Was heißt es, dass Musik ein ästhetisches Phänomen ist? Der Begriff „Ästhetik“ x wird im Alltag (wie auch der Philosophie)[30] synonym mit ganz verschiedenen Begriffen verwendet. Zwei paradigmatische Verwendungsweisen sind etwa folgende. Wir sprechen genauso von der „Ästhetik eines Films“, wie wir von „ästhetischem Zahnersatz“ oder einem „ästhetischen Menschen“ sprechen. Beide Verwendungsweisen unterscheiden sich in einer entscheidenden Hinsicht: Meint „Ästhetik“ im ersten Fall eine Hinsicht der Beurteilung eines bestimmten Gegenstandes, so wird „ästhetisch“ im zweiten Fall im Sinne einer positiven Eigenschaft eines Gegenstandes verwendet (und zwar einer Eigenschaft, die sich vorrangig im Sinne der sinnlichen Anmutung des jeweiligen Gegenstandes offenbart). Es ist der erste Fall, von dem aus sich ein robuster Begriff des Ästhetischen gewinnen lässt und nicht der zweite. Denn „ästhetisch“ meint nicht allein positive Eigenschaften, sondern auch negative (wie „hässlich“ oder „eklig“) und es meint nicht ausschließlich sinnlich wahrnehmbare Eigenarten eines Gegenstandes. Die „Eleganz“ eines mathematischen Beweises ist offensichtlich eine ästhetische Eigenart dieses Beweises, aber sicherlich keine, die man sehen kann (oder hören oder schmecken).[31] Und die Konzentriertheit des literarischen Stils Kafkas x ist nichts, was man dem Text ansehen kann (indem man etwa zum Beispiel nachschauen würde, ob Kafkas Sätze kurz sind), gehört aber zu den ästhetischen Eigenarten seiner Texte. Das Reich ästhetischer Eigenarten ist weiter als das Reich

x
Franz Kafka
1883–1924
Schriftsteller, der die Literatur des 20. Jahrhunderts entscheidend geprägt hat.

sinnlich vernehmbarer Eigenarten von Gegenständen. Nahezu alles, was Menschen tun, hat etwas mit ihrer Sinnlichkeit zu tun – dadurch wird aber noch nicht alles, was Menschen tun, etwas Ästhetisches.

Mit Immanuel Kants *Kritik der Urteilskraft* lässt sich ein robuster Ausgangspunkt für ein Verständnis der Ästhetik gewinnen,[32] der sich von einer problematischen Vermischung der Ästhetik mit Fragen des Sensualismus – also unseres sinnlichen Weltbezugs – fernhält (eine Vermischung, die leider in weiten Teilen der designtheoretischen Debatten um eine Ästhetik des Designs vorherrschend ist). Die Ästhetik meint eine besondere Form des Urteilens und damit eine besondere Form der Ausübung unserer begrifflichen Vermögen. Diese Besonderheit besteht darin, dass wir uns im ästhetischen Beurteilen auf etwas Besonderes in seiner Besonderheit beziehen.

Eine Alltagssituation ästhetisch zu beurteilen, heißt nicht, sie gemäß den sozialen Gepflogenheiten, die in ihr zum Tragen kommen und allgemeiner Natur sind, zu beurteilen. Es heißt vielmehr, sie als besondere Situation zu beurteilen und nicht bloß als ein austauschbares Beispiel für allgemeine Charakteristika. Einen Designgegenstand ästhetisch zu beurteilen heißt zwar oft, sich auch auf seine sinnlichen Eigenarten einzulassen. Aber das heißt es nicht immer (bei Fragen der Eleganz des Gamedesigns gibt es ebenso wenig zu sehen wie bei der Frage, ob ein Fahrplan seinen funktionalen Anforderungen genügt); Sinnlichkeit ist nicht die Grundlage der Ästhetik, sondern Sinnlichkeit ist allein insofern und nur dann eine zentrale Dimension des ästhetischen Urteilens, wenn es um die Besonderheit sinnlicher Aspekte in ihrer jeweiligen Besonderheit – diese Farbe, dieser Klang, diese Bewegung – geht. Das Ästhetische beginnt kurz gesagt dort, wo wir Gegenstände, Situationen, Personen und Ereignisse nicht summarisch behandeln, sondern wo wir uns auf sie in ihrer jeweiligen Besonderheit einlassen.

Handelt es sich beim Ästhetischen um eine besondere Art des Urteilens und damit eine besondere Form der Ausübung unserer begrifflichen Vermögen, so sollte klar sein, dass diese Beurteilung nicht auf das schlechthin Besondere bezogen sein kann. Denn so etwas gibt es nicht. Kant behauptet zu Recht, dass eine ästhetische Beurteilung nur menschlichen Lebewesen und nicht Tieren oder (als Beispiel für ein imaginiertes Wesen, das rein geistig wäre) Engeln offen steht. Er unterscheidet damit das Angenehme (etwas, was wir deshalb schätzen, weil wir ein persönliches Interesse in Form von Vorlieben haben), das Gute (etwas, was wir deshalb schätzen, weil es das Richtige zu tun ist oder ein geeignetes Mittel zur Erreichung eines Zwecks) und das Schöne (was ich hier mit dem Ästhetischen paraphrasiere): „Angenehm heißt jemandem das, was ihn vergnügt; schön, was ihm bloß gefällt; gut, was geschätzt, gebilligt, d. i. von ihm ein objektiver Wert gesetzt wird. Annehmlichkeit gilt auch für vernunftlose Tiere; Schönheit nur für Menschen, d. i. tierische, aber doch begriffliche Wesen, aber auch nicht bloß als solche (z. B. Geister) sondern zugleich als tierische; das Gute aber für jedes vernünftige Wesen überhaupt.“[33] Zentral ist hier der Gedanke, dass zu einer ästhetischen Beurteilungsform nur ein Lebewesen fähig ist, das gleichermaßen sinnliche wie begriffliche Vermögen hat. Etwas Besonderes als Besonderes zu beurteilen heißt nämlich nicht, aufgrund seiner privaten Vorlieben irgendetwas zu mögen oder auch nicht. Es heißt vielmehr immer auch, einen Begriff der Sache zu haben (nimmt der Mensch eine Farbe wahr, so ist das nur möglich, weil er über den Begriff der Farbe verfügt und dadurch das Wahrgenommene von anderem Wahrgenommenem unterscheiden kann).

Pointiert kann man sagen: Wenn wir uns ästhetisch in ein Musikstück versenken, so ist es nicht so, dass wir unsere Begriffe für das, was wir hier tun und das, was wir hier hören, einfach übersteigen würden. Wir stoßen auch dann, wenn Musik selbst natürlich nicht aus Worten besteht und oftmals auch nichts ausdrückt, was wir mit Worten wiedergeben könnten, nicht in ein Reich vor, das jenseits aller Begriffe liegen würde. Denn Bedingung der Möglichkeit des Hörens von Musik als Musik ist das Verfügen über Begriffe. Das fängt schon bei ganz basalen Begriffen wie „höher“ und „tiefer“ sowie „vorher“ und „nachher“ an und endet bei

Begriffen wie „Jazz" oder den Namen von Instrumentalisten und -innen; solche oder vergleichbare Begriffe und ein Netz mit vielen weiteren Begriffen sind in der Praxis des Hörens immer schon praktisch im Spiel. Die Überstiegsfigur ästhetischer Erfahrung ist ein Zerrbild ästhetischer Erfahrung. Was wir vielmehr tun, ist nicht, dass es uns im ästhetischen Beurteilen darum ginge, den jeweiligen Gegenstand auf seine begrifflichen Charakteristika festzunageln, vielmehr bringen wir in der ästhetischen Betrachtung von Gegenständen Begriffe so ins Spiel, dass sie den Gegenstand in seinen jeweils spezifischen Merkmalen nachvollziehen.

Warum ästhetische Urteile nicht bloß subjektiv sind

Warum aber sind ästhetische Beurteilungen nicht mit dem Ausdrücken subjektiver Vorlieben identisch, wie Kant behauptet? Auf Kants Spuren lässt sich hier ein Argument des amerikanischen Filmtheoretikers und -philosophen Noël Carroll [x] fruchtbar machen. Wenn ich einen Film deshalb mag, weil er zu der Art von Filmen gehört, mit der ich aufgewachsen bin, so sagt meine Beurteilung über den Film zunächst weniger etwas über ihn aus als vielmehr etwas über mich. Ist eine solche Beurteilung also primär Ausdruck einer psychologischen Tatsache über mich, dann gilt: „There is no logically reliable connection between a person's liking of x and x's prospective goodness."[34] Wenn wir von einer ästhetischen Beurteilung sprechen, geht es aber genau darum: Nicht, ob ich zufälligerweise solche Dinge mag, sondern darum, was an der Erfahrung dieser Dinge lohnend ist (und zwar nicht nur für mich). Kant hat dabei deutlich gesehen, dass solche Urteile, die damit einen Anspruch an andere stellen und gegenüber der Form „Ich mag X" die Form „X ist gelungen / misslungen" haben (oder „X ist schön / nicht schön" o. Ä.), nicht einfach in vorhandenen Eigenschaften des Gegenstands fundiert sein können.

x
Noël Carroll
***1947**
Philosoph, Filmwissenschaftler und zentraler Vertreter der angloamerikanischen analytischen Ästhetik.

Man kann nicht auf das ästhetische Gelingen eines Gegenstands so verweisen, wie man auf seine Größe verweisen kann, da es eben an der Art und Weise hängt, wie er sich in seiner Besonderheit zeigt. Das unterminiert allerdings nicht den logischen Unterschied zwischen Aussagen, die eine Tatsache über mich ausdrücken, und Aussagen, die beanspruchen, die Qualität des infrage stehenden Gegenstands in seiner Besonderheit zu würdigen. Und es verunmöglicht auch nicht, über ästhetische Fragen zu streiten.

Ein solcher Streit wird aber vor allem darin bestehen, dass man sich darüber streitet, was genau an dem entsprechenden Gegenstand relevant ist und wie er angemessen zu sehen ist. Das heißt: Es gibt keine ästhetische Betrachtung, die nicht immer schon interpretativ wäre (im Sinne des Gewichtens bestimmter Aspekte des Gegenstands).[35]

Was allerdings eine solche Aufmerksamkeit für den jeweiligen Gegenstand heißt, ist je nach Art der Musik etwas durchaus Verschiedenes. Nehmen wir etwa den Song *September*, der 1978 von der Funk- und Soulband Earth, Wind & Fire veröffentlicht worden ist. Er ist klarerweise in einem Kontext der Diskokultur entstanden und man kann ganz vorzüglich zu ihm tanzen. Das heißt nun nicht, dass nur derjenige, der dazu tanzt, ihn eigentlich versteht. Es heißt aber durchaus, dass man, um die Musik wirklich zu verstehen, im Nachvollzug diese rhythmische Qualität erfassen muss – dass diese Musik groovt und damit auch auf den Körper zielt.[36] Wer sich nicht zumindest innerlich bewegt und die Bewegungsformen dieser Musik hört, hört an ihr vorbei. Ein solches Hören ist ein gänzlich anderes Hören als das Hören des *Klaviertrios H-Dur, Opus 8* von Johannes Brahms [x]. Der Unterschied besteht nicht unbedingt darin, dass man es anders als *September* um des Hörens bzw. der Erfahrung des Hörens selbst willen hört. Das kann man auch mit dem Song von Earth, Wind & Fire machen (und ist gar nicht so abwegig). Er besteht vielmehr darin, dass man hier im Hören den Dialog der einzelnen Instrumentalstimmen und der Entwicklung des musikalischen Materials nachvollzieht. Auch Brahms' Musik hat eine Bewegungsform. Aber Brahms groovt halt nicht.

x
Johannes Brahms
***1833–1897**
Komponist der Spätromantik.

Gebrauchsmusik als Gegenstand der Ästhetik

Kant war der Auffassung, dass die ästhetische Betrachtung zweckfrei ist. Er spricht zwar von einer Zweckmäßigkeit ohne Zweck – das ist das dritte Moment des Geschmacksurteils.[37] Aber das ist eben so gemeint, dass der Gegenstand der Form nach den Eindruck der Zweckmäßigkeit erweckt – ohne dass er tatsächlich Zwecken dient (in etwa so, dass wir feststellen, dass dort alles an seinem Platz ist, aber wir keinen allgemeinen, den Gegenstand überschreitenden Begriff davon haben, was es heißt, dass das so ist). Für ihn heißt einen Gegenstand ästhetisch zu beurteilen allein zu fragen, ob die Beurteilung des Gegenstands in seiner Besonderheit als lustvoll erfahren wird.[38] Diese Festlegung ist allerdings problematisch, gerade wenn es um Musik geht, die ganz handgreifliche Zwecke erfüllt. Meines Erachtens kann man aber an Kants Grundbestimmung des Ästhetischen festhalten, ohne die These zu übernehmen, dass das ästhetische Urteil qua ästhetischem Urteil ausschließt, dass die entsprechenden Gegenstände eine bestimmte Funktion oder Aufgabe erfüllen.[39] Dann wird es möglich, auch funktionale Musik unter ästhetischer Perspektive zu behandeln.

Werbespots nutzen zum Beispiel nicht immer schon vorgängig komponierte Musik, sondern es gibt auch Komponisten und -innen, die für Werbespots komponieren. Und einige Musik eignet sich nicht nur besonders gut dazu, im Hintergrund während eines romantischen Dinners gespielt zu werden, sondern ist eigens für solche Anlässe komponiert worden. Man sollte nicht per se solche Musik aus der ästhetischen Betrachtung ausklammern. Denn sie ist zumindest dann ästhetisch, wenn sie einen besonderen und unvertretbaren Beitrag für das, wozu sie da ist, leistet. Ist das der Fall (ist ein Dinner dadurch ein ganz anderes, weil diese und nicht jene Musik läuft; ist eine Autofahrt dadurch eine ganz andere, weil jene und nicht diese Musik läuft), spricht nichts dagegen, auch solche Musik als ästhetisches Phänomen zu würdigen. Es handelt sich dann aber zweifelsohne um Gebrauchsmusik, also Musik, die einen bestimmten Beitrag zu einem bestimmten Zweck leistet und nicht um Musik, die wir um des Hörens der Musik selbst willen hören (bei guter

Funk- und Soulmusik wie dem genannten Song von Earth, Wind & Fire ist die Sache komplizierter; sie geht nicht in der Funktion auf, uns bloß zum Tanzen animieren zu sollen).

Einige weitergehende Unterscheidungen zur Frage der Funktion von Musik. Alle Musik kann so beschrieben werden, dass sie bestimmte Funktionen erfüllt, aber solche können interne oder externe Funktionen sein.[40] Interne Funktionen beschreiben solche Funktionen, die den Begriff eines Gegenstands definieren. Wozu auch immer man Stühle sonst noch nutzen kann: Stühle sind als Stühle zum Sitzen da. Es gehört zu den internen Funktionen von Musik für Werbeclips, dass sie einen entsprechenden Beitrag für das, wozu diese Werbung da ist, leistet. Externe Funktionen hingegen sind solche, zu denen ein Gegenstand auch noch gebraucht werden kann. So wie (einige) Stühle als Leitern benutzt werden können, so gibt es zum Beispiel Verwendungen von Wolfgang Amadeus Mozarts ˣ *Kleiner Nachtmusik* in der Werbung. Solche externen Funktionen können dabei abhängig von dem entsprechenden Gegenstand sein oder unabhängig. Im Fall der Instrumentalisierung von Mozarts *Kleiner Nachtmusik* dürften die Verwendungen in weiten Teilen abhängig sein, d. h., man kann hier nicht irgendwelche Musik verwenden, sondern es geht auch um die spezifischen Eigenschaften von Mozarts Musik (die oft unzureichend anhand von Prädikaten wie „Leichtigkeit" gefasst werden). In jedem Fall handelt es sich hier um eine Instrumentalisierung, da Mozarts Musik dazu da ist, um der Erfahrung der Musik im Hören selbst willen gehört zu werden und nicht, um Produkte zu verkaufen.

ˣ
Wolfgang Amadeus Mozart
1756–1791
europaweit tätiger Komponist und Hauptvertreter der Wiener Klassik, der in seinen Opern, Symphonien und Klavierwerken einen besonderen Personalstil entwickelte.

Was ist Kunstmusik?

Versteht man unter der Ästhetik der Musik eine Beurteilung der jeweiligen Musik in ihrer jeweiligen Besonderheit, so stellt sich die Frage, ob damit nicht auch schon alles für den Fall der Kunstmusik gesagt ist. Zwar heißt ein Werk der Kunstmusik zu beurteilen durchaus, es in seiner Besonderheit zu beurteilen. Aber das reicht noch nicht aus. Denn das ist, wie ich geltend gemacht habe, auch angesichts funktionaler Musik so. Es gilt auch für Musik, die für bestimmte Zwecke derart gemacht ist, dass sie einen Beitrag zur Realisierung dieser Zwecke leistet.

Das klassische Schlagwort, das demgegenüber die Kunstmusik [x] charakterisiert, ist ihre Autonomie. Autonomie bedeutet wörtlich übersetzt Selbstgesetzgebung. Bestimmt man Kunstmusik als autonom und damit so, dass sie sich ihre Gesetze selbst gibt, so impliziert das zwei Gedanken. Der erste Gedanke lautet, dass es sich hier um Musik handelt, die wir um ihrer selbst willen hören. Anders gesagt, wir hören diese Musik um der Erfahrung des Hörens selbst willen. Der zweite Gedanke lautet, dass wir die jeweilige Kunstmusik nur an dem messen können, was sie jeweils aus sich heraus etabliert. Denn wenn sich jedes Werk der Kunstmusik sein eigenes Gesetz gibt, so gibt es sich damit auch sein eigenes Gesetz des Gelingens. Ich möchte den Begriff der Kunstmusik dadurch erläutern, dass ich diese beiden Gedanken in umgekehrter Reihenfolge behandeln werde. Dabei handelt es sich nicht allein um eine Erläuterung der Kunstmusik, sondern der Kunst schlechthin. Warum das so sein muss, wird sich gleich zeigen.

[x] **Kunstmusik**
Hierunter fallen Formen der Musik, die wir um der Erfahrung ihres Hörens selbst willen hören und die zugleich nur an den von ihr jeweils selbst etablierten Maßstäben gemessen werden kann.

Dass wir Kunstmusik nur an dem messen können, was die jeweilige Musik aus sich selbst heraus etabliert, heißt, dass wir über keine Kriterien verfügen (und auch nicht verfügen können), die es uns ermöglichen würden, die Musik zu beurteilen, bevor wir sie gehört haben. Wir müssen uns gewissermaßen in die jeweilige Musik versenken, um zu verstehen, was hier genau passiert und worum es geht. Dieses Versenken muss nicht darin bestehen, dass wir in einem Konzert die Augen verschließen und uns ganz in das Hören zurückziehen. Es kann auch bei einem Werk der Neuen Musik darin bestehen, das ungesicherte musikalische wie visuelle Ereignis auf der Bühne zu verfolgen. Und es kann im Jazz darin bestehen, dass wir uns von der Energie einer Improvisation mitreißen lassen. Schließlich kann es in der Popmusik darin bestehen, dass wir der spezifischen Attitüde gewahr werden, die sich aus dem Zusammenspiel der Musik mit dem Cover der Platte und der Pose des Sängers ergibt. Musik nur an dem zu messen, was sie aus sich selbst heraus etabliert, beginnt damit bereits bei der Frage, was hier überhaupt zur Musik gehört.[41] Dass das alles andere als selbstverständlich und einfach zu beantworten ist, haben bereits die Beschreibungen von Cages und Stockhausens Arbeiten oben angezeigt. In dieser Hinsicht radikalisieren die Entwicklungen der Neuen Musik nur etwas, was für Kunstmusik schlechthin gilt: dass das musikalische Material ungesichert ist und durch jedes neue gelungene Werk neu erfunden werden muss.

Diesen Gedanken gilt es richtig zu verstehen. Denn natürlich steht alle Kunstmusik in einer Tradition musikalischer Praxis und bezieht sich auch auf diese Tradition. Das tut sie aber vor allem in Form eines Bruchs: Was überhaupt das Material der Musik ist und was der Sinn der jeweiligen musikalischen Materialien ist – das lässt sich nur in und durch den Nachvollzug des jeweiligen Werks herausfinden. Das ist so, weil jedes Werk der Kunstmusik eine je eigene Konstellation von Elementen aufspannt. Was im Rahmen eines Liedes des Liederzyklus *Dichterliebe* von Robert Schumann ˣ als Klang gilt (verstanden nicht als Beschreibung der Musik, sondern als Element der Musik), ist etwas anderes als das, was für Brad Mehldaus ˣ Improvisationen auf seinem Album *Elegiac Cycle* als Klang gilt (gleich wie sehr er sich explizit auch in die Tradition der Romantik stellen mag). Und beides ist noch einmal etwas anderes als das, was in den Liedern des Liederzyklus *Winterreise* von Franz Schubert als Klang etabliert wird. Ich wähle hier absichtlich drei Werke, die einige Verwandtschaften aufweisen, um geltend zu machen, dass der Gedanke nicht allein für in ganz offensichtlicher Weise unterschiedliche Arten von Musik gilt. Er gilt vielmehr für verwandte Musik und sogar für verschiedene Werke eines Komponisten bzw. einer Komponistin. In Schumanns Werk gibt es im Rückblick eine Entwicklung zu entdecken.

x
Robert Schumann
1810–1856
deutscher Komponist und zentraler Vertreter der Romantik.

x
Brad Mehldau
***1970**
amerikanischer Jazzpianist.

Man kann mit anderen Worten kein Element von einem Werk in ein anderes verpflanzen, ohne dass es dadurch seinen Sinn ändern würde. Jedes Werk der Kunstmusik erfindet damit neu, was Musik ist. Das lässt sich gut so erläutern, dass man sagt, dass die Elemente eines Kunstwerks in einer holistischen Konstellation zueinander stehen.[42] Der Begriff des Holismus x besagt, dass ein Element nur das ist, was es ist, insofern es in einer Relation zu allen anderen Elementen einer Konstellation steht. Elemente erhalten ihren Sinn damit erst im Kontext anderer Elemente. Die Elemente eines Kunstwerks bestimmen sich wechselseitig, ohne dass sie in ihrem Sinn vorgängig gegebene Elemente sind. Kunstwerke sind nicht wie Legospielzeuge aus einzelnen Elementen zusammengebaut, die man auch woanders verbauen könnte. Vielmehr bestehen sie aus Elementen, die es paradoxerweise nur im Kontext des jeweiligen Werks gibt. Das schließt keineswegs aus, dass entsprechende Elemente (wie im Fall der Worte als Material des Romans) nicht auch auf außerästhetische Verwendungsweisen anspielen. Aber als Elemente eines Kunstwerks gehen sie nicht in diesen auf.

x
Holismus
von griech. „holos" herzuleiten; übersetzbar mit „ganz" oder „gesamt".

Eine Präzisierung ist vonnöten. Ich hatte festgehalten, dass die Materialien der Musik insgesamt kulturgeschichtliche Errungenschaften bzw. durchweg geschichtlich bestimmt sind. Ein nahe liegender Einwand lautet: Gilt das, was ich hier für die Kunstmusik festhalte, damit nicht für Musik schlechthin? Der Unterschied besteht darin, dass der gewordene Charakter der musikalischen Materialien im Kunstwerk explizit wird und in und durch das einzelne Werk so das Material neu ausgehandelt wird. Auch wenn alles musikalische Material gemacht und geworden ist – in der Kunstmusik wird nicht allein deutlich, dass es so ist, sondern in dem Nachvollzug des musikalischen Kunstwerks vollziehen wir gewissermaßen die Konstitution des je eigenen musikalischen Materials nach.

x
Theodor W. Adorno
1903–1969
Soziologe und Philosoph. Er gehört zu den Begründern der kritischen Theorie.

Theodor W. Adorno x, dessen Publikationen zur Musikphilosophie zu den wichtigsten des 20. Jahrhunderts zählen, hat die entsprechende Eigenlogik des jeweiligen Werks anhand des Begriffs der Form gefasst.[43] Form ist von Inhalt zu unterscheiden. Charakteristisch für Kunstwerke ist, dass, was immer ihr Inhalt sein mag, nichts anderes als das sein kann, was sie in und durch ihre Form artikulieren. Was ein Musikstück uns sagt, sagt es uns nur durch seine spezifische Konstellation von Klängen; was ein Roman uns sagt, sagt er uns nur durch seine je eigene Weise des Erzählens und was ein Bild uns zeigt, zeigt es uns nur durch die ihm eigentümliche Weise des Zeigens. Kunstwerke haben keine Inhalte im Sinne irgendwelcher tiefer (oder nicht so tiefer) Themen, sondern eröffnen uns jeweils singuläre Erfahrungsräume. In diesen werden durchaus häufig Themen verhandelt – aber das eben nur in Form der Art und Weise, wie sie das Kunstwerk jeweils artikuliert. Deshalb kann Adorno festhalten: „Machen Kunstwerke nichts nach als sich, dann versteht sie kein anderer, als der sie nachmacht."[44] Gerade weil im Kunstwerk nichts gesichert ist, also nicht schon vorher klar ist, was hier jeweils dazugehört und was nicht und wie die einzelnen Elemente zusammenhängen, heißt ein Kunstwerk zu verstehen nichts anderes, als sich eben in diese Konstellation hineinzubegeben und sie nachzuvollziehen.

Die Form eines gelingenden Kunstwerks zeigt dabei eine eigentümliche Art von Einheit, insofern eine Symphonie, ein Lied, aber auch eine Improvisation und ein Track schlüssig sein können oder nicht. Auch hier gibt es aber keine vorgängigen Kriterien: Die Schlüssigkeit ist eine, die wir im Nachvollzug der Konstellation des Werks erfahren können, nicht aber aus vorgängigen Kriterien abgeleitet werden kann. In einer Sonate ist alles zwanglos an seinem Platz, sodass es scheint, dass es nicht anders sein könnte, als es ist. In einer Improvisation ergibt sich ein schlüssiger Verlauf, der durch viele ungesicherte Momente und gerade auch im Durchgang durch diese gewonnen wird. Nicht verwechselt werden darf eine solche Schlüssigkeit oder, wie Adorno zu sagen pflegt,[45] Logizität mit dem konservativen Begriff der Harmonie der Elemente untereinander. Darum geht es gerade nicht.

Noch die zerrissenen Soloimprovisationen Cecil Taylors [x] auf *Air Above Mountain* zeitigen eine je eigene Schlüssigkeit, wie Werke der Performancekunst, die in kalkulierter Weise mit Unkalkulierbarem rechnen. Das, was ich hier zur eigenlogischen Konstitution des Kunstwerks sage, trifft auch auf jüngere Entwicklungen der Kunstmusik zu, da sich das, was ein Element ist, eben nicht durch die Frage, wie etwas aussieht oder klingt, beantworten lässt. Die Logizität eines Werks hat nichts damit zu tun, dass sich hier etwas sinnlich anmutig präsentiert oder schön ist, ebenso wenig wie ausgeschlossen ist, dass das, was ich hier vorläufig „Werk" nenne, ein unwiederholbares, raumzeitliches Ereignis ist.[46]

x
Cecil Taylor
1929–2018
amerikanischer Jazzpianist.

Es ist offensichtlich, dass diese knappen Überlegungen zur Konstitution des Kunstwerks nicht allein der Kunstmusik gelten, sondern der modernen Kunst schlechthin. Das ist aber kein Lapsus, sondern eine notwendige Konsequenz aus dem bislang Gesagten. Wenn es so ist, dass die Elemente des Kunstwerks ebenso wenig vor ihrer Erarbeitung gesichert sind wie ihr Sinn, so ist das Einspeisen von beliebigen Medien und Materialien nichts, was prinzipiell für Musik unangemessen oder unmöglich wäre. Das muss nicht so verstanden werden, dass die Musik sich dadurch in andere Künste auflöst. Jüngere Gattungen wie die Performance, die Concept Art oder die Installation können vielmehr selbst als Etablierung neuer Künste gedacht werden, sodass davon die Rede sein mag, dass performative, konzeptuelle oder installative Verfahren in die Musik einwandern.[47] Ein Beispiel für Letzteres wäre vielleicht Ari Benjamin Meyers' [x] Arbeit *Chamber Music (Vestibule)* von 2013. Im Rahmen dieser Arbeit hat Meyers den Eingangsraum der Berlinischen Galerie so gestaltet, dass das Verhalten der Besucher im Raum entscheidet, was sie hören. Im Zuge dieser Arbeit ist eine Arie von Henry Purcell von einer Sopranistin eingesungen worden. Just wo die Besucher:innen stehen, hören sie das, was dort eingesungen worden ist. Dass es sich hier um eine Musikinstallation handelt, schließt die Arbeit mit ihrer Reflexion auf den Begriff der Kammermusik keineswegs aus der Musik selbst aus. Christian Grüny hat recht, wenn er die Frage, „[w]as an Material in einen musikalischen Zusammenhang eingespeist und integriert werden kann", lapidar mit „alles" beantwortet.[48]

x
Ari Benjamin Meyers
***1972**
amerikanischer Komponist, dessen kompositorische Arbeiten häufig die Logiken verschiedener Künste integrieren.

Die Kraft des musikalischen Kunstwerks

Ich hatte festgehalten, dass für Kunstmusik charakteristisch ist, dass wir sie um ihrer selbst willen hören. Es ist die Erfahrung des Hörens des Werks selbst, weswegen wir dieses aufsuchen (bzw. sollte man mit Blick auf die Erweiterungen und Entgrenzungen, die ich eben angesprochen habe, nicht bloß vom Hören, sondern auch Sehen usf. sprechen). Dieser Gedanke steckt bereits in der Rekonstruktion der Struktur des Kunstwerks, die ich eben vorgenommen habe. Er impliziert, dass wir Kunstmusik als Kunstmusik nicht funktional im Rahmen praktischer oder theoretischer Zwecke hören. Zu solchen Zwecken würden etwa moralische, epistemische oder politische Zwecke gehören.

Es ist aber so, dass in all solchen Funktionsbestimmungen der Eigensinn der Musik verloren geht. Versteht man Musik als Instrument der moralischen Erziehung, so wird die Musik allein als Mittel für einen ihr externen Zweck eingesetzt (oder sie ist eben Gebrauchsmusik, die nur dazu da ist). Versteht man Musik als Medium des Erkennens, so ist unklar, warum das, was erkannt wird, an Musik gebunden ist und nicht auch anders gesagt werden könnte (zum Begriff des Erkennens gehört nämlich, dass ich in der Lage bin zu sagen, was ich erkannt habe). Um den dritten Fall, den Fall politischer Zwecke, anhand eines außermusikalischen Beispiels der Gegenwartskunst zu erläutern: Die Aktionen des in der Kunstwelt durchaus umstrittenen Zentrums für politische Schönheit [x] sind nicht einfach bruchloser Ausdruck einer politischen Agenda. Wenn man sie tatsächlich als künstlerische Interventionen und nicht einfach als Ausdruck einer politischen Agenda versteht, stellen sie vielmehr die Frage, was das Politische überhaupt ist. Betrachten wir sie als künstlerische Interventionen, können sie nicht auf ihre politischen Zwecke hin befragt werden, ohne dass die Struktur und Medialität der Aktionen selbst nachvollzogen wird. Dazu passt, dass man sich bei den Aktionen des Zentrums für politische Schönheit immer fragt, was eigentlich dazugehört und was nicht und welchen Status die einzelnen Elemente der Aktion haben. Ist Kunst politisch, so haben wir

x **Zentrum für politische Schönheit** Kollektiv von Künstler:innen, das immer wieder durch Aktionen hervorgetreten ist, die regelmäßig zu medialen Kontroversen geführt haben.

es doch niemals mit Gegenständen zu tun, die transparent mit Blick auf das wären, was sie zeigen, da man durchweg auf die Form der Artikulation selbst zurückverwiesen wird. Politische Kunst ist nicht parteipolitisch, sondern verhandelt vielmehr in und durch die Form ihrer Aktionen und Ereignisse, was das Politische überhaupt ist.

Auch wenn Kunstmusik von praktischen und theoretischen Zwecken frei ist, so schließt das keineswegs aus, dass die Erfahrung dieser Musik (verstanden als Nachvollzug der eigenlogischen Konstitution von Elementen) eine bestimmte Rolle für die Hörenden spielt. Diese Rolle lässt sich anhand des Begriffs des Selbstverständigungsgeschehens erläutern. Kunstwerke lehren diejenigen, die sie nachvollziehend erfahren, keine Tatsachen über die Welt noch erziehen sie sie moralisch. Vielmehr bieten sie uns im Medium ihrer eigensinnigen Konstellation von Elementen eine Aussicht auf uns selbst. Nicht allein sind sie aufgrund ihrer eigenlogischen Konstitution von Elementen selbstreflexiv verfasste Gegenstände. Vielmehr besteht die Kraft der Kunstmusik für diejenigen, die sich auf die jeweiligen Werke einlassen, darin, dass sie in und durch die selbstgenügsamen Formen der jeweiligen Musik sich selbst im Licht der Erfahrung der Werke durchspielen. Kunst ist keine epistemische Praxis noch ist sie eine moralische, sondern vielmehr eine Praxis der Reflexion.

Im Lichte einer solchen Bestimmung der Kunst hat Georg Wilhelm Friedrich Hegel [x] in seinen *Vorlesungen über die Ästhetik* eine instruktive Rekonstruktion der Rolle der Musikerfahrung vorgenommen.[49] Auch wenn man vor allem angesichts der Entwicklungen der Neuen Musik, aber auch mit Blick auf die Popmusik sagen muss, dass Hegel das Material der Musik zu eng konzipiert (er denkt vor allem an den Klang und versteht ihn so, dass er qua Musik keine repräsentationalen Qualitäten besitzt; dass Musik keinen Gehalt hat, wie er etwa einer Vielzahl von Bildern zu eigen ist),[50] bietet Hegels Musikästhetik doch einen guten Ausgangspunkt, um über die Kraft der Kunstmusik nachzudenken. Hegel versteht Musik in ihrer Ungegenständlichkeit so, dass sie in ihrer zeitlichen Logik die Zeitlichkeit unserer subjektiven Innerlichkeit spiegelt. Musik ist deshalb in der Lage, uns so tief zu

x
Georg Wilhelm Friedrich Hegel 1770–1831
deutscher Philosoph und zentraler Vertreter des Deutschen Idealismus.

ergreifen, weil sie in bestimmter Weise selbst wie unsere Subjektivität verfasst ist: Sie führt uns in der Erfahrung vor Augen, was es heißt, einen Standpunkt zu haben und Erfahrungen zu machen, ohne dass dieser Standpunkt ein inhaltlich bestimmter wäre und ohne dass diese Erfahrungen einen bestimmten Inhalt hätten. Damit spiegelt die Form der Musik die Form von Subjektivität überhaupt. Das ist auch so, weil in der Musik die Klänge, wie wir gesehen haben, eben nicht als physikalische Ereignisse existieren, sondern als Elemente einer sinnhaften Struktur. Genauso sind Handlungen oder Gedanken nicht einfach ein Blinken im Gehirn, sondern vielmehr selbst sinnhaft. Die Musik artikuliert das, was es heißt, einen Standpunkt als Subjekt zu haben, ohne dass dieser an konkrete Inhalte gebunden wäre. Das, was sie durchspielt, müssen dabei keineswegs ausschließlich oder primär Emotionen sein. Vielmehr spiegeln sich die Grundstrukturen unserer Subjektivität schon in musikalischen Aspekten wie einem Früher oder Später oder auch der Anspannung und Entspannung. Obwohl sie in ihren darstellerischen Qualitäten viel ärmer ist als zum Beispiel die Malerei, hat die Musik für Hegel dennoch ein gesteigertes Ausdruckspotenzial: Die Musik lässt nicht „die Gegenständlichkeit selbst, sondern im Gegenteil die Art und Weise widerklingen, in welcher das innerste Selbst seiner Subjektivität und ideellen Seele nach in sich bewegt ist.“[51] Wir spielen im Nachvollzug der Musik unsere wesentlichen innerlichen Bewegtheiten durch.

Adorno hat Hegels Gedanken, dass die Musik eine intime Nähe zu unserem geistigen Leben unterhält, im 20. Jahrhundert so präzisiert, dass diese Nähe von der eigenlogischen Konstitution der Musik her erläutert werden muss. Kunstmusik zu hören heißt selbst angesichts solcher Musik, die auf körperliche Animierung zielt, nämlich heute keineswegs, sich gewissermaßen blind in den Strom der Musik zu begeben. Es heißt immer auch, dass diese Erfahrung durch eine Aufmerksamkeit für die Form der Musik selbst gebrochen ist. Deshalb führt die Musik uns nicht nur unsere Subjektivität vor Augen, sondern tut das zugleich aus einer Brechung heraus. Das lässt sich so erläutern, dass die Musikerfahrung eine Bestimmtheit hat (im Sinne der konkreten Konstellation von Elementen, die wir nachvollziehen), wie sie dennoch wesentlich unbestimmt ist (dass wir diese Elemente und Konstellation nicht übersetzen können, sondern eben nur nachvollziehen). Adorno schreibt deshalb, dass der „Zweck des Kunstwerks [...] die Bestimmtheit des Unbestimmten" ist.[52] Diese Unbestimmtheit ist aber – das ist der Punkt – immer eine bestimmte Unbestimmtheit; sie ist an die je singuläre Konstellation des jeweiligen Werks gebunden. Dadurch ermöglichen uns Kunstwerke insgesamt, so Adorno, eine Erfahrung einer Dimension unserer Subjektivität, die nicht in klassischen Bestimmungen von Subjektivität als Rationalität und Freiheit aufgeht (was noch Hegel dachte). Ihre gelungenen Werke machen in ihrer hermetischen, nur dem Nachvollzug offen stehenden Kontur einen Gegen-Sinn in unserem Sinn erfahrbar.[53] Betont Hegel zu Recht, dass die Musik ein besonders intimes Verhältnis zu unserer subjektiven Innerlichkeit unterhält, so präzisiert Adorno diesen Gedanken überzeugend derart, dass sie in unseren subjektiven Vollzügen etwas aufscheinen lässt, was selbst nicht mehr als subjektive Vollzüge erläutert werden kann.

Dieser letzte Punkt lässt sich für alle Kunstmusik der Gegenwart geltend machen. Der Nachvollzug der Konstellation von Elementen, die das Werk ist, ist für uns nicht deshalb lohnend, weil es irgendwie angenehm klingende Elemente wären oder weil der Zusammenhang der Elemente schön wäre. Vielmehr (und das ist auch im Alltag durchaus als Tiefe der Musikerfahrung bekannt) ist eine solche Erfahrung von Musik durchaus nicht schmerzlos. Sie zeigt uns etwas Relevantes über uns nicht durch tiefe Themen, die sie aufgreift. Sie zeigt uns vielmehr etwas Relevantes über uns, weil sie tief in uns dadurch hineingreift, dass unser selbstbewusstes Denken und Handeln sich in verfremdeter Weise in ihrer Form spiegelt.

Postskriptum zum Design: Design stellt eine Herausforderung für die Ästhetik dar, weil es sich bei ihm einerseits offenkundig um ästhetische Gegenstände handelt, die andererseits aber im Kontrast zu Kunstwerken bestimmten Zwecken dienen. Die kurzen Überlegungen, die ich hier zur Gebrauchsmusik angestellt habe, sind aus dem Geist einer Ästhetik des Designs formuliert: Auch für Designgegenstände gilt, dass es sich hier qua ästhetischer Gegenstände um jeweils besondere Gegenstände handelt, die aber anders als Kunstwerke in ihrer Besonderheit einen Beitrag zum Erfüllen eines bestimmten Zwecks leisten. Eine Ästhetik des Designs ist eine Ästhetik des Gebrauchens und Funktionierens. Wenn man diese auf der Grundlage des hier skizzierten Ästhetikverständnisses entwickelt, vermeidet man problematische Begriffe wie „Sinnlichkeit" oder „Schönheit" als Grundbestimmungen des Ästhetischen. Denn es handelt sich hier um Begriffe (zumindest so, wie sie in der ästhetischen Tradition verstanden worden sind), die insgesamt schlecht zum Design passen: Zu unauffällig und beiläufig fügen sich die meisten Designgegenstände in unsere Praxis (und prägen sie doch zugleich), um mit einer starken sinnlichen Erfahrung einherzugehen oder einem kontemplativen Begriff des Schönen verbunden zu sein. Eine Ästhetik des Designs ist damit deutlich von einer Ästhetik der Kunst zu unterscheiden.

Musik ist kein homogenes Phänomen, sondern kennt verschiedene Traditionen musikalischer Praxis. Das zweite Kapitel unterbreitet den Vorschlag, europäische Kunstmusik, Jazzmusik und Popmusik anhand der jeweils unterschiedlichen Rolle, die die Begriffe Werk, Improvisation und Aufnahme in ihnen jeweils spielen, voneinander abzugrenzen. Dabei arbeitet es wiederum heraus, was sich auch für Traditionen und Praktiken des Designs aus diesen Unterscheidungen lernen lässt.

Praxis oder Ontologie?

Der erste Teil des Buchs hat keine Definition der Musik formuliert. Das ist aus zwei Gründen nicht geschehen. Erstens ist jede Definition [x] der Musik abstrakt und deshalb nicht in richtiger Weise auf die einzelnen Werke der Musik bezogen. Wenn man etwa sagt, Musik sei in seiner zeitlichen und akustischen Dimension gestalteter Klang, so ist eine solche Definition (gleich wie viel sie taugt) subsumptiv und abstrahiert von den konkreten Werken der Musik. Ist Musik ein ästhetisches Phänomen, so heißt ein Werk zu würdigen, es in seiner jeweiligen Besonderheit zu betrachten. Selbst wenn eine zutreffende Definition von Musik formuliert würde, so wäre damit also nicht viel gewonnen, da sie nicht in angemessener Weise auf ihren Gegenstand bezogen wäre. Herkömmliche Definitionen haben in der Ästhetik nichts zu suchen. Einen Begriff wie denjenigen der Musik zu erläutern heißt vielmehr, die historische Bewegung der Musikentwicklung nachzuvollziehen und im Blick zu behalten, wie Grundbegriffe, die wir für ein Verständnis der Musik ansetzen (von Klang über Melodie bis Form und Stil), sich in ihrem Sinn im Verlauf der Geschichte herausbilden und beständig transformieren.

x
Definition
Hier in seiner etablierten philosophischen Bedeutung verwendet, nämlich im Sinne der Angabe von jeweils notwendigen und zusammen hinreichenden Bedingungen. Ihr Kriterium ist, dass sie weder zu inklusiv noch zu exklusiv sein dürfen.

Zweitens ist es so, dass die Musikentwicklung keineswegs homogen ist. Zu lange sind Fragen der Musikästhetik durch das Prisma der Tradition europäischer Kunstmusik betrachtet worden. Es ist sicherlich richtig, dass diese Musik eine paradigmatische Form der Kunstmusik ist. Allerdings gibt es nicht allein ästhetisch relevante Musik, die keine Kunstmusik ist. Vielmehr gibt es auch andere Arten von Kunstmusik. Insgesamt kann ein Verständnis der Grundbegriffe der Musik, das anhand der europäischen Kunstmusik gewonnen worden ist, nicht bruchlos auf andere Arten von Musik übertragen werden. Wenn wir an den Jazz denken, ist Improvisation anders als in der Tradition europäischer Kunstmusik ein zentrales Charakteristikum dieser Musik. Es ist natürlich nicht unmöglich, eine Jazzimprovisation am Klavier anhand derselben Eigenschaften zu beschreiben und anhand derselben Gesichtspunkte zu beurteilen, wie man eine Klaviersonate von Mozart beschreibt und beurteilt.

Aber dabei misst man sie an Maßstäben, die ihr gerade nicht gerecht werden, und zwängt sie in ein Raster von Begriffen, das aus der Binnenperspektive der Praxis des Jazz wie ein fremdartiges Korsett erscheinen muss. Wenn wir hingegen an die Popmusik denken, sind hier stärker als im Jazz und in der europäischen Kunstmusik Aspekte der Musikproduktion relevant. Der Produzent George Martin, der für die Beatles [x]-Alben verantwortlich war, hat eine so tragende Rolle für ihre Musik gespielt, dass er oftmals als fünfter Beatle bezeichnet worden ist. In der Popmusik sind vor allem das Album [x] und (heute durch die digitale Distribution und die Streaming-Dienste) der einzelne Track [x] der primäre Gegenstand der ästhetischen Wertschätzung. Es scheint etwas kategorial verfehlt zu sein, wenn man die Musik auf dem *White Album* der Beatles primär anhand der Maßstäbe, die für Schuberts *Winterreise* angemessen sein mögen, zu beurteilen versucht – und das nicht zuletzt deshalb, weil Schuberts *Winterreise* der musikalischen Interpretation durch einen Pianisten oder eine Pianistin und einen Sänger bedarf, nicht aber an erster Stelle ein Album oder Track ist.

x
The Beatles
1960–1970
können als Mitbegründer der Popmusik gelten.

x
Album
Zusammenstellung einzelner Musikstücke in Form von Musiktracks; der mediale Träger kann dabei variieren (zum Beispiel Schallplatte, CD, Audiofiles etc.).

x
Track
Einzelner Musiktitel auf einem Album.

Ich möchte entsprechend festhalten: Eine Definition der Musik ist nicht nur deshalb unangemessen, weil Musik als ästhetischer Gegenstand der Wertschätzung als je einzelnes Werk, je einzelne Improvisation oder je einzelne Aufnahme existiert und nicht als etwas, was einfach unter einen Begriff fällt, der definierende Eigenschaften herausgreift. Sie ist auch deshalb unangemessen, weil Musik nicht uniform ist, sondern es verschiedene Arten musikalischer Praktiken gibt, angesichts deren sich nicht allein der Sinn der Grundbegriffe der Musik ändert, sondern für die auch jeweils andere Grundbegriffe von zentraler Bedeutung sein können. Nicht bestreiten möchte ich hingegen, dass es Grundbegriffe gibt, die für ein Verständnis musikalischer Praktiken unverzichtbar sind. Sie gewinnen allerdings je nach Art der Musik einen anderen Sinn.

Zum Status der verwendeten Grundbegriffe

Zu den Grundbegriffen der Musik, auf die ich bereits häufiger Bezug genommen habe, gehören die Begriffe Werk, Improvisation x und Aufnahme x.[54] Sie dienen mir in diesem Kapitel als Grundlage, um ihre jeweils unterschiedliche Rolle in der Tradition der europäischen Kunstmusik, des Jazz und der Popmusik zu beleuchten. Ich verstehe sie dabei so, dass einer dieser Begriffe in einer der Traditionen jeweils besonders relevant ist. In der europäischen Kunstmusik wurden und werden in weiten Teilen Werke geschaffen, der Jazz lebt von der Improvisation und die Popmusik existiert bevorzugt in Formen von Aufnahmen. Wenn ich sage, dass die Begriffe besonders relevant sind mit Blick auf jeweils bestimmte Arten von Musik, schließe ich nicht aus, dass sie nicht auch im Rahmen jeweils anderer Arten von Musik relevant sind. Auch im Jazz gibt es Werke und auch in der Popmusik wird improvisiert. Ein zentraler Punkt meiner Überlegungen wird dabei lauten, dass sich der Sinn dieser Begriffe durchaus ändert, wenn wir ihn aus der Perspektive der einen oder der anderen musikalischen Praxis betrachten. Improvisation in der Neuen Musik der zweiten Hälfte des 20. Jahrhunderts heißt nicht dasselbe wie Improvisation im Jazz.[55]

x
Improvisation
Eine musikalische Improvisation kann als unwiederholbares musikalisches Ereignis verstanden werden, das im Verlauf die Kriterien seiner Beurteilung zuallererst hervorbringt.

x
Aufnahme
Eine musikalische Aufnahme kann als eine eigenständige Seinsweise der Musik verstanden werden, bei der Aspekte der Musikproduktion und andere mit den Aufnahmetechniken verbundene Momente Gegenstand der ästhetischen Beurteilung werden.

Zwei Bemerkungen scheinen mir vonnöten zu sein, um das eben Gesagte richtig einzuordnen. Die erste Bemerkung (I.) betrifft die Frage, was für Dinge Werk, Improvisation und Aufnahme eigentlich sind. Die zweite Bemerkung (II.) gilt der Frage der Gründe der Einteilung in Arten von Musik und wie diese Einteilung genauer zu verstehen ist:

I. Der Rekurs auf Werk, Improvisation und Aufnahme ist ein Rekurs auf Dimensionen der Musik, die sich letztlich ausgehend von musikontologischen Fragen stellen. Die Ontologie x fragt danach, was es gibt und auf welche Weise es das gibt, was es gibt. Sie hat gerade in der Ästhetik einen schlechten Leumund. Das hat folgenden Grund: Oft ist in den Antworten solcher ontologischen Fragen ein klassischer Essenzialismus vorausgesetzt.[56] Dieser besagt, dass man in allgemeiner Weise etwas über das Wesen der Dinge aussagen kann, ohne ihre Veränderbarkeit und Historizität in Rechnung zu stellen. Und er besagt auch, dass das Denken selbst nicht von dieser Veränderbarkeit und Historizität betroffen ist, sondern sich abseits der geschichtlichen und kulturellen Verhandlungen stellt, um zu sehen, was es in Wahrheit gibt und wie es das gibt.

x
Ontologie
Gehört als Lehre vom Sein zu den klassischen Teildisziplinen der theoretischen Philosophie, d. i. der Bereich der Philosophie, der solche Grundbegriffe aufklärt, die einen primär beschreibenden Charakter haben.

So ist der Blick auf musikontologische Fragen, den ich hier verfolge, nicht zu verstehen. Ich verstehe das, was in solchen musikontologischen Fragen in den Blick genommen wird, vielmehr umgekehrt als etwas, das in unserer Praxis der Wertschätzung von Musik eine Rolle spielt. Insofern Musiker und Musikerinnen wie Hörer und Hörerinnen bestimmte Dinge tun, sind diese nicht allein von Annahmen darüber geprägt, was die in Frage stehende Musik jeweils auszeichnet, sondern auch von Annahmen darüber, auf welche Weise diese Musik jeweils existiert.

Ein schlichtes Beispiel: Ein Jazzmusiker käme kaum auf die Idee, die Vernichtung seiner *Kind of Blue*-CD für eine Vernichtung des Werks von Miles Davis selbst zu halten. Wenn er das glauben würde, dass es diese CD nur einmal gibt und er das Original in den Händen hält, wäre er einer tief greifenden Verwirrung seines Denkens erlegen. Gleichzeitig käme er auch nicht auf die Idee, die Qualität dessen, was er hier hört, primär oder ausschließlich auf die Produktionsebene der CD zu schieben. Denn *Kind of Blue* besteht aus Tracks, die eine kollektive Improvisation dokumentieren. Solche Unterscheidungen und Annahmen prägen unsere Praxis des Machens und Beurteilens von Musik.

Deshalb verstehe ich musikontologische Überlegungen gerade nicht als Schritt aus unserer Praxis heraus. Vielmehr verstehe ich sie als Versuch, zentrale Aspekte unserer Praxis reflexiv verständlich zu machen. Die folgenden musikontologischen Überlegungen sind praxistheoretisch fundiert.

II. Man könnte gegen meinen Vorschlag der Unterscheidung von europäischer Kunstmusik, Jazz und Pop als Praxisformen der Musik Folgendes einwenden: Kommt man nicht auf eine abschüssige Ebene, weil die These des nichtuniformen Charakters der Musik noch für das gilt, was in diesen einzelnen Arten von Musik passiert? In bestimmter Weise ist das richtig: Es ist nicht allein müßig, den Begriff der Musik im herkömmlichen Sinne zu definieren, sondern auch den Begriff des Jazz oder den Begriff der Popmusik. Denn alle drei haben eine bewegte Geschichte, sind von verschiedenen Stilen und Strömungen geprägt und zeigen in der Gegenwart mehr als ein Gesicht. In diesem Sinne verstehe ich meinen Versuch, den Wendungen des Sinns des Werks, der Improvisation und der Aufnahme in den einzelnen Arten von Musik nachzuspüren, letztlich als rekonstruktiven Versuch und nicht als trennscharfe Definition – einen rekonstruktiven Versuch, der die Unterschiedlichkeit und Ausdifferenziertheit musikalischer Praxis angemessen in den Blick nehmen möchte.

Meinem Verständnis nach ist es nicht die Tatsache, dass ein Musikstück oder eine musikalische Darbietung eine bestimmte manifeste Eigenschaft [x] hat, die die Zugehörigkeit zu der einen oder anderen Art von Musik verbürgt. Dass improvisiert wird, heißt noch nicht, dass man es hier mit Jazzmusik zu tun hat. Was vielmehr die Zugehörigkeit zur europäischen Kunstmusik, zum Jazz oder zur Popmusik sichert, ist das Anschließen an eine Tradition der jeweiligen musikalischen Praxis. Kurz gesagt: Jazz spielen diejenigen, die sich in und durch ihr Spielen (und oft, aber nicht notwendig durchweg durch ihr Sprechen über ihr Spielen) zu dem verhalten, was vor ihnen in der Tradition dieser Musik passiert ist. Es ist kein Zufall und auch kein Unglück, dass sich Musiker und Musikerinnen, die ihre Karriere

x
Manifeste Eigenschaften sind solche Eigenschaften, die wir einem Gegenstand sinnvoll zuschreiben können, ohne dass wir in diesem Zuschreiben auch auf andere Gegenstände Bezug nehmen müssen. Ein Beispiel wäre, dass Hans 1,84 Meter groß ist. Von manifesten Eigenschaften müssen relationale Eigenschaften unterschieden werden, die ein Gegenstand nur vermittels seines Verhältnisses zu einem anderen Gegenstand hat. Ein Beispiel wäre, dass Hans größer ist als Klaus.

beginnen, in der einen oder anderen Weise an Vorbildern orientieren; an Musikern und Musikerinnen, die ihnen besonders viel bedeuten, deren Harmoniesprache ihnen besonders viel sagt, deren musikalische Geste sie besonders trifft. Wenn Musik nicht darin besteht, irgendetwas mit irgendetwas zu tun (einfach auf ein Instrument zu schlagen), sondern sie in kollektiven Praktiken gründet, dann heißt Musik zu machen, in eine Tradition solcher Praktiken einzurücken.

Dass diese Frage keine rein akademische ist, lässt sich beispielhaft anhand der Kontroversen aufzeigen, die sich im Jazz um die Zuordnung des Saxofonisten Kamasi Washington [x] ranken. Mit seinem Album *The Epic* war er ausgesprochen erfolgreich und hat sich nicht zuletzt in seinem Auftreten an den Jazz der 1960er- und 1970er-Jahre angelehnt. Der Saxofonist Branford Marsalis [x] hat allerdings wiederholt bestritten, dass Kamasi Washington überhaupt Jazz spielt,[57] gerade weil die Art seines Spielens letztlich kein hinreichendes Zeugnis von der Tradition des Jazz ablegt. In der Tat hatten viele seiner Musiker und Musikerinnen wie er selbst davor vor allem im Kontext des Hip-Hop zu tun. Die Frage, ob Branford Marsalis' Beurteilung nicht doch ein zu rigides Verständnis des Jazz zugrunde legt, kann hier offen bleiben: Der Fall zeigt, dass die Frage der Zuordnung zu einer Musik für die Beurteilung der Musik keineswegs unwesentlich ist. Und er zeigt auch, dass die Frage der Zugehörigkeit zu einer Tradition ein wesentliches Merkmal sein könnte, wenn man herausfinden möchte, um was für eine Art von Musik es sich hier handelt.

x
Kamasi Washington
***1981**
amerikanischer Saxofonist.

x
Branford Marsalis
***1960**
amerikanischer Jazzsaxofonist.

Der Begriff der Tradition einer musikalischen Praxis bzw. der Begriff musikalischer Praxisformen und damit von Traditionen im Plural darf dabei natürlich selbst nicht wertend im Sinn eines Traditionalismus verzeichnet werden. Man muss sich also in seinem Spielen nicht positiv auf das Erbe einer Tradition beziehen, um in ihr zu stehen. Jemand kann auch dann Jazz spielen, wenn er sich bewusst in seinem Spiel von der Tradition abgrenzt. Dazu muss er sie allerdings kennen und in Teilen auch in und durch sein Spiel verinnerlicht haben. Wesentlich sind allein der Anschluss und die Bezugnahme auf eine bestimmte musikalische Praxis, nicht ob man sich positiv auf sie bezieht oder abgrenzend.[58] Mit Hans-Georg Gadamers [x] Begriff der Tradition, den ich hier aufgreife, lässt sich festhalten:[59] Traditionsbezug schließt weder Bruch noch Transformation aus. Vielmehr ist jeder Bruch qua bestimmten Bruchs immer auf das bezogen, womit er bricht. Und jede Aneignung einer Tradition ist notwendig zugleich eine Transformation derselben. Wer heute wie Beethoven komponiert, tut in Wahrheit etwas anderes, als wie Beethoven zu komponieren. Nicht allein produziert er wahrscheinlich Kitsch (weil er die Musik im Gefolge Beethovens, die an seinem Erbe weitergearbeitet hat, ignoriert), sondern vor allem ist sein Tun epigonal. In der Musik kann man nicht dasselbe zweimal tun, ohne dass sich dadurch der Sinn bereits ändern würde.

x
Hans-Georg Gadamer 1900–2002
deutscher Philosoph und wichtigster Vertreter der philosophischen Hermeneutik in der zweiten Hälfte des 20. Jahrhunderts. Die philosophische Hermeneutik ist die Theorie der richtigen Auslegung von Texten und allgemeiner die Theorie des Verstehens allen sinnhaften menschlichen Ausdrucks.

Die Frage, welche musikalischen Traditionen es gibt, ist eine Frage, deren Antwort nur historisch ausfallen kann. Jazz ist um die Wende zum 20. Jahrhundert entstanden und die Popmusik hat sich erst Mitte des 20. Jahrhunderts entwickelt. Die Frage, wie und warum eine musikalische Praxis entstanden ist, kann nicht aus der Perspektive der Musikphilosophie erfolgen, sondern nur aus der Perspektive der Musikgeschichte. Eine Geschichte der Entstehung von Arten musikalischer Praktiken ist dabei notwendigerweise eine rekonstruktive Geschichte und keine prognostische Geschichte (also keine Geschichte, die Aussagen über die Zukunft treffen würde). War das New Orleans um die Jahrhundertwende ein Schmelztiegel unterschiedlicher

(Musik-)Kulturen und dabei der Geburtsort des Jazz, so lag darin nicht beschlossen, dass sich in den 1940er-Jahren der Bebop [x] entwickeln würde und damit der Modern Jazz geboren. Und es gibt nicht einen einzigen Punkt in der Geschichte, an dem auf einmal der Jazz in die Welt kam. Vielmehr gab es eine Zeitspanne, in der eine Art musikalischer Praxis entstand, die wir dann im Licht ihrer späteren Entwicklungen als eine, wenn auch ausdifferenzierte, Tradition verstehen können.

x
Bebop
Erster historischer Stil des Modern Jazz. Sehr vereinfacht zeichnet den Modern Jazz eine enorm vergrößerte Freiheit in den Parametern der Improvisation aus und den Bebop eine gegenüber dem vorangehenden Swing-Stil veränderte Art der Melodiekonstruktion und Harmoniesprache.

Die folgende Analyse verfährt so, dass sie einen der drei musikontologischen Grundbegriffe als zentralen Begriff jeweils einer der drei musikalischen Traditionen versteht. Das musikalische Werk ist mit der europäischen Kunstmusik verbunden, die musikalische Improvisation mit dem Jazz und die Aufnahme mit dem Pop. Dabei ist es so, dass es durchaus auch Improvisationen in der europäischen Kunstmusik gibt, wie es sie in der Popmusik gibt. Mein leitender Gedanke ist aber, dass sie hier jeweils einen anderen Sinn erhalten – in der europäischen Kunstmusik einen Sinn, der von einem bestimmten Verständnis des musikalischen Werks bestimmt ist, und in der Popmusik einen Sinn, der von einem Verständnis des Albums oder des Tracks als primärer Einheit dieser Art von Musik bestimmt ist. Diese Unterscheidungen sollen keineswegs hybride Übergänge oder unklare Grenzphänomene bestreiten (oder gar in ihrem ästhetischen Wert herabsetzen). Sie beanspruchen gleichwohl, dass sich von einer solchen Analyse Instruktives über die jeweiligen musikalischen Traditionen lernen lässt.

Postskriptum zum Design: Die in diesem Abschnitt vorgestellten Überlegungen zu einer Unterscheidung verschiedener Arten von Musik, die ohne einen klassischen Essentialismus auskommen, lassen sich auch für das Design fruchtbar machen. Auch im Design lassen sich verschiedene Arten einer Designpraxis – vom Grafikdesign über das Industrial Design und Textildesign bis hin zum Gamedesign – unterscheiden und man könnte den instruktiven Versuch unternehmen, den mit dem Design verbundenen Grundbegriffen in ihrem jeweiligen Sinn in den verschiedenen Bereichen des Designs nachzugehen. Wie alle Arten von Musik immer einen historischen Index tragen, so tragen auch alle Arten des Designs einen solchen Index; was Kommunikationsdesign heißt, ändert sich unter den Bedingungen der Digitalisierung rasant und Gamedesign mag es auch schon vor der Existenz von Videospielen als Design analoger Spiele gegeben haben, aber als eigenständiger Designbereich hat es sich wohl erst unter deren Bedingungen konstituiert. Eine wesentliche Disanalogie dürfte gleichwohl sein, dass Musik selbst, obzwar alle ihre Spielarten historisch sind, anders als Design nicht zu einem bestimmten Zeitpunkt entstanden ist (alle Zeiten und Kulturen kennen musikalische Praktiken). Das Design hingegen hat sich im 19. Jahrhundert konstituiert und erst im Rückblick können wir historisch frühere Epochen als solche verstehen, in denen sich bereits Design („avant la lettre“) fand.

Das musikalische Werk in der europäischen Kunstmusik

Von einem musikalischen Werk lässt sich auf mindestens zweierlei Weise sprechen. Zum einen kann die Redeweise von dem „Werk" unspezifisch das Produkt ästhetischer Arbeit meinen und damit das, was der primäre Gegenstand der ästhetischen Wertschätzung jeweils ist. Damit können sowohl Kompositionen als auch Improvisationen, Tracks als auch musikalische Interpretationen gleichermaßen Werke sein. Zum anderen kann der Begriff des musikalischen Werks aber auch als das verstanden werden, was nur das Produkt der Komposition ist und zugleich auf eine Weise existiert, dass es in musikalischen Interpretationen zum Sprechen gebracht wird, die dem Geist des Werks mehr oder weniger gerecht werden. Es ist der zweite Begriff des Werks, der mich an dieser Stelle als Grundbegriff der Musik interessiert.

Das musikalische Werk in diesem Sinne ist eine historisch gesehen relativ junge Erfindung.[60] Es existiert als eigenständige Existenzweise der Musik erst seit ungefähr der Zeit Beethovens. Die Tradition vorher hat die Tätigkeit des Komponierens noch nicht so verstehen können, dass sie musikalische Werke im heutigen Sinne hervorgebracht hat. Barocke Komponisten haben es nicht notwendig als Eingriff in ihre künstlerische Autorität gesehen, wenn Dritte ihren Notentext umgeschrieben und an ihm weitergearbeitet haben. Wenn wir heute die Kraft von Bachs *Weihnachtsoratorium* oder von Händels ˣ *Wassermusik* loben, so betrachten wir sie aus der Perspektive einer musikalischen Praxis, die durchaus einen starken Einschnitt gegenüber ihrer eigenen Zeit darstellt. Das musikalische Werk ist Produkt der Tätigkeit des Komponisten (respektive der Komponistin oder auch mehrerer Komponisten und -innen), wird in einer Partitur ausgedrückt und in und durch musikalische Interpretationen (schlichtweg: das Spielen dieser Partitur) zum Sprechen gebracht.

x
Georg Friedrich Händel
1685–1759
Komponist des Barock, der in London die italienische Oper einführte und später das englischsprachige Oratorium etablierte.

Zu den Schwierigkeiten des Konzepts des musikalischen Werks gehört, dass seine Existenzweise schwer zu fassen ist. Gerade in den jüngeren Debatten der Musikphilosophie ist deshalb oftmals für eine ideologiekritische Verabschiedung der Kategorie des musikalischen Werks argumentiert worden.[61] Das musikalische Werk ist nämlich weder identisch mit der Partitur noch mit der Idee des Komponisten bzw. der Komponistin und auch nicht mit der Menge aller musikalischen Interpretationen des Werks.[62] Einige Anmerkungen dazu.

x
Partitur
Hält wesentliche Eigenschaften eines musikalischen Werks in Form der Notenschrift fest.

Das musikalische Werk ist nicht identisch mit der Partitur x. Eine Partitur legt einige Aspekte wie die Tonhöherelation (Tonhöherelation und nicht Tonhöhe, da der Kammerton A bis heute nicht standardisiert und seit der Zeit Mozarts etwa um einen Halbton angestiegen ist) und die relativen Dauern der Noten eindeutig fest. Nehmen wir als Beispiel die *Hammerklaviersonate* von Beethoven. Sie beginnt im Bass mit einen tiefen Bb als Auftakt und dann mit einer zweitaktigen Figur aus siebenstimmigen Akkorden, die in einem bestimmten Rhythmus gespielt werden. Die Dynamik (also wie laut und leise die einzelnen Töne in den Akkorden und wie laut und leise die Akkorde insgesamt gespielt werden) ist aufgrund der Art der Notation x ebenso wenig eindeutig festgelegt wie das genaue Tempo.

x
Notation
Die musikalische Standardnotation hält zwar die relative Tonhöherelation fest (relativ, weil sich selbst die Frequenz des Kammertons A historisch durchaus verändert hat). Eigenschaften wie die konkrete Lautstärke sind in ihr nicht festgehalten.

Erst recht steht nicht in der Partitur selbst, wie eigentlich die einzelnen musikalischen Phrasen und Motive in ihrem Verhältnis zueinander zu spielen sind; wie sie zu gewichten sind, wie sie zueinander kontrastiert werden sollen usf. Man kann hier nicht in gleichem Maße einen Fehler machen, wie man es offensichtlich tut, wenn man einen Ton falsch spielt (also sich vergreift und zum Beispiel mit einem C anstatt eines Bb beginnt). Wenn man die Frage nach dem musikalischen Werk nicht als unqualifizierte Frage nach der Existenz irgendwelcher Dinge versteht (dann könnte man die Partitur vielleicht mit dem Werk identifizieren), sondern als Frage nach etwas, das eine bestimmte Rolle in einer musikalischen Praxis spielt, dann gilt Folgendes: Die Partitur drückt etwas aus, was in Form von Musik und nicht bloß als Notentext existieren soll. Sie ist auf eine

Praxis der Interpretation, und zwar der musikalischen Interpretation (also des Spielens der Partitur), bezogen. Musikalische Interpretationen können dahingehend gelingen oder misslingen, dass sie dem Geist des Werks gerecht werden oder nicht. Aber was es heißt, ein Werk angemessen zu spielen, steht nicht selbst in der Partitur – das muss erst in der musikalischen Interpretation herausgearbeitet werden. Musikalische Werke gibt es nicht ohne Partituren, aber was ihre ästhetische Kraft jeweils ist, zeigt sich nicht ohne Blick auf die Praxis des Spielens solcher Partituren.

Das musikalische Werk ist nicht identisch mit der Idee des Komponisten [x].[63] Das ist aus folgendem Grund so: Die Idee des Komponisten erschöpft sich in und mit der Partitur. Zweifelsohne gibt es unvollendete Werke (wie etwa Gustav Mahlers *10. Symphonie*), die einen besonderen Status haben. Und natürlich können sich Werke eines Komponisten im Licht seiner späteren Werke als Ausdruck einer noch unvollständigen Reife usf. erweisen. Und Werke selbst können schlicht und einfach misslungene Werke sein (und zwar nicht, weil der Komponist eine gute Idee schlecht ausgedrückt hätte, sondern weil die vermeintlich gute Idee eben eine schlechte Idee war, was das Werk dann zeigt). Aber der Geist des Werks liegt nicht im Kopf des Komponisten. Auch wenn es manchmal aufschlussreich sein mag für ein Verständnis des Werks zu lesen, was der Komponist über es sagt: Die Deutung des Komponisten hat nicht prinzipiell schon eine größere Autorität als Deutungen anderer. Denn sie muss sich genauso an dem bewähren, was etwa in der Partitur steht und in der Interpretationsgeschichte des Werks passiert ist. Der Komponist hat mit seinem musikalischen Werk etwas hervorgebracht, über dessen Sinn er keine letzte oder privilegierte Kontrolle hat.

x
Komponist
Begriff der Moderne, der ein besonderes Verhältnis von Urheber und Werk beschreibt und im 18. Jahrhundert den Begriff des Kapellmeisters ersetzte.

Das musikalische Werk ist nicht identisch mit der Gesamtheit seiner musikalischen Interpretationen. Würde man das behaupten, so wäre die Kategorie des musikalischen Werks damit verabschiedet. Es wäre nicht länger verständlich zu machen, dass wir aus der Menge musikalischer Ereignisse einige als musikalische Interpretationen eines bestimmten musikalischen Werks herausgreifen. Das aber stiftet gerade den Zusammenhang zwischen Maurizio Pollinis und Grigory Sokolovs Spielen der *Hammerklaviersonate*.

Dass Werke nicht in ihren Interpretationen aufgehen, lässt sich zudem an einer schlichten Tatsache erkennen: Wir können eine musikalische Interpretation für missglückt halten, ohne deshalb schon das Werk selbst für missglückt zu halten. Gleichwohl macht es wenig Sinn, ein Werk wertzuschätzen, ohne zugleich seine Interpretationen in den Blick zu nehmen. Das Werk wird in und durch seine Interpretationen zum Sprechen gebracht und ist in ihnen und durch sie lebendig.

Die Schwierigkeiten, das Werk in der Partitur, im Komponisten oder in den Interpretationen zu verorten, haben die angloamerikanische Musikphilosophie in weiten Teilen dazu bewogen, folgende These zur Existenzweise musikalischer Werke zu vertreten: Das musikalische Werk existiert als abstrakter Gegenstand.[64] Ein paradigmatisches Beispiel für abstrakte Gegenstände sind Zahlen: Sie existieren in irgendeiner Weise als ideale Gegenstände und nicht als raumzeitliche Einzeldinge. Schreibe ich dreimal die Zahl „3" an eine Tafel, so wäre gar nicht mehr erklärlich, warum es sich dreimal um dieselbe Zahl handelt, wenn die Zahl mit einer dieser oder der Menge aller Inskriptionen identisch wäre [x]. So ähnlich wie die Existenz von Zahlen wurde von vielen Musikphilosophen die Existenz von musikalischen Werken begriffen: Sie sind sozusagen nicht von dieser Welt, sondern verleihen materiellen Vorkommnissen (zu denen auch Klänge und Rhythmen gehören) ihre Spezifik und ihren Sinn.

x
Type vs. Token
Terminologisch wird in den Debatten im Anschluss an den Philosophen und Mathematiker Charles Sanders Peirce (1839–1914) zwischen „Typ" (type) und „Vorkommnis" (token) unterschieden.

Dieser These werde ich hier nicht folgen. Denn sie führt zu absurden Konsequenzen. Versteht man musikalische Werke als abstrakte Gegenstände simpliciter, so hat das die Konsequenz, dass musikalische Werke nicht länger geschaffen werden können, sondern vielmehr von Komponisten entdeckt werden. Die Klangstruktur der *Hammerklaviersonate* gab es schon vor Beethoven, Beethoven hat sie aber festgehalten. Das ist eine ausgesprochen seltsame These. In Form einer Reductio ad Absurdum kann man sagen: Wenn eine Position zu solchen Konsequenzen führt, sollte man diese weniger als Aufforderung verstehen, sie durch Zusatzhypothesen zu erweitern und zu plausibilisieren. Vielmehr zeigen diese Konsequenzen, dass hier etwas grundsätzlich schiefläuft. Das gilt auch für Vorschläge, die bei der These, dass musikalische Werke abstrakte Gegenstände sind, beginnen, diese aber nicht länger im herkömmlichen Sinne denken.[65]

Auf welche Weise existieren dann aber und was sind musikalische Werke? Ich möchte dazu einige Überlegungen aus Adornos posthum veröffentlichter *Theorie der musikalischen Reproduktion* heranziehen. Ihnen gelingt es meines Erachtens, Werke zugleich in ein intimes Verhältnis sowohl zu Partituren wie auch zu Interpretationen zu setzen, ohne sie mit ihnen schlichtweg zu identifizieren. Adorno schreibt: Die „Idee der musikalischen Reproduktion" im Sinne dessen, was ich hier Interpretation bezeichne, ist „die Kopie eines nicht vorhandenen Originals".[66] Mit dieser scheinbar paradoxen Formulierung sagt Adorno Folgendes: Das Werk gibt es nicht als vorhandenen Gegenstand, auf den man sich einfach positiv beziehen könnte, und es ist müßig, nach Eigenschaften im Notentext oder der Aufführung zu suchen, um sie mit dem Werk oder Kriterien des Werks zu identifizieren. Ein solcher Versuch vergegenständlicht das Werk in falscher Weise. Werke gibt es vielmehr nur als bestimmte Spielart einer regulativen Idee des Interpretierens. Eine regulative Idee meint den Gedanken, dass eine Praxis noch nicht oder niemals vollständig das Versprechen ihres eigenen Begriffs einlöst. Ein Beispiel dafür wäre der Begriff der Gerechtigkeit. Keine Gesellschaft löst das Versprechen der Gerechtigkeit restlos ein, aber viele Gesellschaften sind an der regulativen Idee einer gerechten Gesellschaft orientiert, die einen unverzichtbaren

Motor für ihre Entwicklung wie ihre Kritik abgibt. In analoger Weise ist die Idee des musikalischen Werks zu verstehen: Das jeweilige musikalische Werk ist ein Maßstab seiner Interpretationen, aber gerade nicht derart, dass es explizite Regeln oder Kriterien formulieren würde. Vielmehr ist das Werk (und das unterscheidet es von einer regulativen Idee im herkömmlichen Sinne) eine zugleich negative Größe: Ein Werk angemessen zu interpretieren heißt in bestimmter Weise zugleich, es nicht gänzlich zum Sprechen zu bringen, weil es niemals in einer einzigen Interpretation (und in Wahrheit in keiner Interpretation) jemals angemessen interpretiert werden kann. Es geht nie in den Weisen auf, in denen es angeeignet wird. In diesem Sinne lässt sich (weiterhin auf den Spuren Adornos) das musikalische Werk als Paradigma der Idee der Kunst insgesamt begreifen: Als die Idee einer Praxis, die sich an etwas abarbeitet, was sie aus prinzipiellen Gründen nicht positiv bestimmen und in den Griff bekommen kann.

Auch wenn das Werk in bestimmter Weise einen virtuellen Charakter hat: Musikalische Interpretationen können nicht einfach irgendetwas machen, wenn sie in ihrer Interpretation das Werk zum Sprechen zu bringen versuchen. Vielmehr sind sie auf die Interpretationsgeschichte wie die Musikentwicklung gleichermaßen verwiesen. Wer heute eine Klaviersonate Beethovens noch wie zu Beethovens Zeiten spielt, ist dem Wesen des Werks keineswegs näher als jemand, der das nicht tut. Einhergehend mit der Veränderung der musikalischen Interpretationspraxis verändert sich nämlich auch das Werk selbst. Diese Veränderung betrifft selbst die Praxis der musikalischen Notation, die damit keineswegs der geschichtlichen Bewegtheit entzogen ist; Adorno hält in diesem Sinne fest: „Im strengsten Sinn hat ein Beethovenscher Satz vor 100 Jahren anders ausgesehen als heute und eben darum auch anders geklungen.“[67] Ist das Werk nichts der Geschichte Entzogenes und ihr Zugrundeliegendes, so gehen auch Werke, die historisch später kamen, in den Sinn des historisch früheren Werks ein; Adorno schreibt entsprechend: „Wer heute Schönberg nicht versteht, kann Beethoven nicht verstehen, sondern verstellt sich durch die verdinglichte Gestalt seiner Wirkung die Beziehung zum Werke.“[68]

Mit Adorno kann man also sagen, dass im Licht der Entwicklung der musikalischen Interpretationen sich das Werk selbst entwickelt, indem es als Korrektiv in diesen Praktiken wirksam ist. Der Gedanke des musikalischen Werks ist damit (wenn man ihn nicht falsch vergegenständlicht) der Gedanke einer ungesicherten ästhetischen Praxis, die dennoch einen Maßstab des Gelingens in sich trägt (den sie zugleich immer wieder neu hervorbringen muss).

Die Kategorie des musikalischen Werks charakterisiert die europäische Kunstmusik seit dem 19. Jahrhundert. Die Entwicklungen der Neuen Musik vor allem in der zweiten Hälfte des 20. Jahrhunderts – ich hatte paradigmatisch Karlheinz Stockhausen und John Cage genannt – sind oftmals fälschlicherweise so verstanden worden, dass das Werk hier verabschiedet wird. Was hier geschieht, ist aber keine Verabschiedung des Werks, sondern eine Entfaltung seiner immanenten Dialektik. Im Zuge des früh schon ausdifferenzierten Komponierens in der Neuen Musik wird nicht allein das musikalische Material nach Parametern entwickelt, die nur noch unzureichend anhand klassischer Begriffe wie der der Melodik, Harmonik und Rhythmik zu beschreiben sind. Vielmehr werden hier jüngst vormals dem musikalischen Werk äußerliche Dimensionen wie der Aufführungsort sowie die technisch-medialen Bedingungen der Musik in die Werklogik selbst eingespeist. Es spricht nichts dagegen, viele dieser Arbeiten weiterhin als musikalische Werke zu verstehen (es sei denn, sie fallen mit einem einzigen raumzeitlichen Ereignis, das nicht wiederholbar ist, zusammen; in diesem Fall wird das Werkparadigma tatsächlich überschritten).

Auch wenn die Kategorie des musikalischen Werks besonders markant mit der Tradition europäischer Kunstmusik verbunden ist und hier ihren Geburtsort hat – sie ist nicht exklusiv für sie. In der Popmusik sind musikalische Werke gleichwohl weniger heimisch. Man könnte hier etwa an Konzeptalben x wie *Tommy* oder *Quadrophenia* von The Who x oder an Pink Floyds x *The Wall* und Genesis' *The Lamb lies Down on Broadway* bis hin zu Frank Zappas x *The Grand Wazoo* denken.

x
Konzeptalbum
Album der Popmusik, auf dem die einzelnen Tracks in einem systematischen Zusammenhang zueinander stehen. Die Abfolge der Tracks eines jeden Albums der Popmusik ist mehr oder weniger deutlich ausgewählt; für ein Konzeptalbum ist darüber hinaus charakteristisch, dass es die Einheit des Albums selbst reflexiv ins Zentrum rückt, zum Beispiel durch eine durchgehende Narration.

x
The Who
Mitte der 1960er-Jahre gegründete britische Rockband, die als Vorläufer des Hard Rock genauso wie als Wegbereiter des Progressive Rock gelten kann.

x
Pink Floyd
Mitte der 1960er-Jahre gegründete britische Rockband, die den Progressive Rock maßgeblich geprägt hat.

x
Frank Zappa
1940–1993
amerikanischer Musiker, der markant die Grenzen zwischen Rock, Jazz und Neuer Musik verflüssigt hat.

Aber der bloße Rückgriff auf Strukturen, Logiken und (im Fall der Rockopern besonders deutlich) Genres der europäischen Kunstmusik verbürgt noch nicht ihren Status im Sinne musikalischer Werke. Das zeigt nur, dass es sich hier um Spielarten von Popmusik handelt, die aus der Perspektive der Popmusik eine Überschreitung zur europäischen Kunstmusik hin versuchen. Gleich ob den genannten Alben das gelingt oder nicht: Dagegen, dass es sich bei ihnen um musikalische Werke handelt, spricht, dass sie jeweils in besonders markanter Weise mit einer letzten und autoritativen Fassung in Form des Albums verbunden sind. Auch wenn The Who *Quadrophenia* live gespielt hat (und selbst wenn sie dabei notwendigerweise vieles anders gemacht haben als auf der Aufnahme): *Quadrophenia* ist kein Werk in dem Sinne, dass es eine Partitur gäbe, die dann von einer Vielzahl von Interpret:innen gespielt wird, sondern es existiert eben vor allem in Form des Albums. Es wäre hingegen etwas sehr seltsam an dem Gedanken, dass die definitive Fassung von Beethovens *Hammerklaviersonate* allein von Beethoven selbst gekommen wäre. Es scheint mir hier nahe liegend zu sein zu sagen, dass es sich bei den genannten Alben nicht so sehr um musikalische Werke handelt. Es handelt sich vielmehr um Alben. Sollte man für die genannten Alben die Kategorie des Werks in Anschlag bringen wollen: Es spräche dafür, dass noch das musikalische Werk in der Popmusik von der Logik der Aufnahme, die das Signum dieser musikalischen Praxis ist, bestimmt wäre.

Anders sieht es im Jazz aus. Auch hier gibt es Grenzüberschreitungen zu anderen Arten von Musik und so zur Popmusik. Man denke etwa an einige Titel auf den späteren Alben von Miles Davis; auf *You're under Arrest* hat er Cyndi Laupers ˣ *Time after Time* sowie das auf Michael Jacksons Album *Thriller* aufgenommene und von Steve Porcaro komponierte *Human Nature* eingespielt. Man kann aber auch an Alben von Al Jarreau ˣ oder George Benson ˣ denken, die sich an der Grenze zwischen Jazz- und Popmusik positionieren. Es gibt im Jazz aber auch viele Grenzüberschreitungen zur europäischen Kunstmusik. Dazu gehören nicht so sehr fragwürdige „Jazz goes Classic"-Veranstaltungen und auch nicht die in Kreisen von Jazzmusikern und -musikerinnen kaum ernst genom-

x
Cyndi Lauper
***1953**
amerikanische Sängerin, die vor allem in den 1980er-Jahren große Erfolge gefeiert hat.

x
Al Jarreau
1940–2017
amerikanischer Jazz- und Popsänger.

x
George Benson
***1943**
amerikanischer Jazzgitarrist.

menen Alben von Jacquer Loussier, der Bach als Grundlage für eine Musik verwendet hat, die wenig mit Jazz zu tun hat. Vielmehr ist hier der sogenannte Third Stream zu nennen, zu dem Musiker wie John Lewis, Gunther Schuller und Anthony Braxton gehören; sie haben den Versuch unternommen, eine musikalische Praxis zwischen Jazz und europäischer Kunstmusik zu etablieren, die eben nicht länger additiv ist, sondern Aspekte beider Traditionen auf eine neue Weise zu einer Einheit verbindet. Aber daraus folgt für die Frage des musikalischen Werks noch nicht viel.

Es spricht aber prinzipiell nichts dagegen, dass gerade die relativ gesehen jüngere Bigband-Musik [x] – vom Maria Schneider Jazz Orchestra über Peter Herbolzheimers Rhythm Combination & Brass und dem Thad Jones / Mel-Lewis Orchestra bis zu den Kompositionen von Gil Evans – musikalische Werke hervorgebracht hat. Als frühes Beispiel besonders avancierten Komponierens können dabei die Bigband-Kompositionen von Duke Ellington [x] gelten. Vor allem seine Orchestersuite *Black, Brown and Beige* kann hier als paradigmatisch gelten.

x
Bigband
Große Jazzband, bestehend aus Blasinstrumenten und einer Rhythmus-Sektion (zumeist Bass, Schlagzeug, Klavier und / oder Gitarre). Sie ist als eigenständige Bandform vor allem mit dem historischen Swing-Stil verbunden.

x
Duke Ellington
1899–1974
Jazzpianist, der aufgrund seiner stark symphonisch geprägten Bigband-Kompositionen auch als Komponist hervorgetreten ist.

Gerade angesichts der Kompositionen Duke Ellingtons wird aber noch einmal fraglich, inwieweit es legitim ist, von Bigband-Kompositionen als musikalischen Werken zu sprechen.[69] Denn Duke Ellington hatte keineswegs ein Verständnis seiner eigenen Praxis, das besagt, dass er hier musikalische Werke hervorbringt, die für sich abgeschlossen sind und im Rahmen verschiedener musikalischer Interpretationen dann gespielt werden. Der Gedanke der Werktreue war ihm etwa von untergeordnetem Interesse: Er hat die Notation eher als Hilfsmittel für die musikalische Praxis verstanden und die Passagen der Partituren oftmals den aktuellen Bandmitgliedern auf den Leib geschrieben. Auch die genannte Suite hat er wiederholt überarbeitet. Sollte man für die genannten Bigband-Kompositionen die Kategorie des Werks in Anschlag bringen wollen: Es spräche dafür, dass noch sie von der Logik der Improvisation, dem Signum des Jazz, bestimmt wären. Und um musikalische Improvisation als zentraler Dimension des Jazz wird es im nächsten Abschnitt des Kapitels gehen.

Postskriptum zum Design: Zwei Bemerkungen zur Relevanz dieser Überlegungen für das Design. Erste Bemerkung: Die Existenzweise von Designgegenständen weist gewisse Analogien zur Existenzweise musikalischer Werke auf. Denn auch Designgegenstände sind (anders als die meisten Gemälde und Skulpturen) nicht identisch mit einzelnen raumzeitlichen Gegenständen, sondern ein Entwurf kann in potenziell unendlich vielen Gegenständen verkörpert sein. Die Disanalogien sollten gleichwohl ebenso auf der Hand liegen: Während musikalische Werke der Interpretation bedürfen, gilt das für Designgegenstände nicht. Bringt eine musikalische Interpretation ein musikalisches Werk zum Sprechen, so sind die verschiedenen Verkörperungen mit Blick auf den Entwurf im Design zumeist austauschbar (es kann hier üblicherweise allein zu technischen Mängeln der Herstellung kommen, aber nicht zu künstlerischem Versagen). Die Grenzüberschreitungen dieser Blaupausenlogik des Designs in jüngeren Verschränkungen von Design und Handwerk und Integrationen künstlerischer Verfahren in das Design (etwa indem nur eine endliche Anzahl von Plakaten hergestellt worden ist, die händisch signiert wurden oder dass durch kalkulierten Materialverschleiß der Produktionsmittel nur eine endliche Anzahl von Gegenständen produziert worden ist) widersprechen dieser Charakterisierung nicht, sondern werden auf deren Grundlage erst verständlich. Zweite Bemerkung: Im Licht der jüngeren Entwicklungen der Neuen Musik haben sich Verfahren der Notation von Musik entwickelt, die stark von der musikalischen Standardnotation abweichen. Sie werden terminologische anhand des Begriffs der grafischen Notation gefasst. Wer sich etwa die Partituren des Komponisten Sylvano Bussotti [x] anschaut, wird mit markanten grafischen Gegenständen konfrontiert. Obwohl auch diese Partituren üblicherweise ein Werk ausdrücken, verselbstständigt sich hier die Notation zu einem grafischen Gegenstand. Entsprechende Partituren lassen sich dabei nicht allein aus der Perspektive der Kunst in ihrem Rückgriff auf die Logik der Skizze o. Ä. beschreiben, sondern natürlich auch aus der Perspektive des Grafikdesigns in den Blick nehmen.

x
Sylvano Bussotti
***1931**
italienischer Komponist.

Die musikalische Improvisation im Jazz

Musikalische Improvisation stellt eine Untergattung einer allgemeineren Kategorie dar. Musikalische Improvisationen sind nämlich musikalische Darbietungen – aber nicht alle musikalischen Darbietungen sind improvisiert. Unter einer musikalischen Darbietung verstehe ich unwiederholbare raumzeitliche Vorkommnisse, die jeweils eine bestimmte Dauer haben. Neben musikalischen Improvisationen gehören auch musikalische Interpretationen zu den musikalischen Darbietungen. Denn sie selbst sind, auch wenn sie Interpretationen eines Werks sind und dieses Werk in verschiedenen Interpretationen gespielt werden kann, als musikalische Darbietungen unwiederholbar. Es macht einen Unterschied, ob ich mich auf Richard Wagners [x] Werk *Tannhäuser* beziehe oder auf die musikalische Interpretation vom 25.07.2019 unter der Regie von Tobias Kratzer in Bayreuth. Im Fall von Musikdramen wie dem Werk Wagners muss anders als bei musikalischen Interpretationen etwa der *Hammerklaviersonate* neben dem Werk und dem musikalischen Ereignis auch noch die Inszenierung unterschieden werden (das gilt übrigens auch für die meisten herkömmlichen Theateraufführungen). Sich hier auf die musikalische Darbietung zu beziehen, heißt aber auch in diesem Fall, sich auf ein einzelnes Vorkommnis zu beziehen und nicht auf verschiedene Vorkommnisse als Interpretationen ein und desselben Werks. Dass wir diesen Unterschied machen müssen, lässt sich dadurch belegen, dass man ein Werk ebenso wie eine Inszenierung für gelungen halten kann, eine konkrete Darbietung an einem Abend aber für weniger gelungen.

x
Richard Wagner
1813–1883
Komponist des 19. Jahrhunderts, der mit der Erfindung der Gattung des Musikdramas und dem Konzept des Gesamtkunstwerks die Musikentwicklung des 20. Jahrhunderts geprägt hat.

Der Unterschied zwischen musikalischen Interpretationen und musikalischen Improvisationen besteht in Folgendem: Die musikalische Interpretation bringt dem Anspruch nach ein musikalisches Werk zum Sprechen. Die musikalische Darbietung ist hier, wenn auch sie selbst natürlich der primäre Fokus der ästhetischen Wertschätzung ist, nicht selbstgenügsam. Sie muss immer mit Blick auf ihre Grundlage, das musikalische Werk, beurteilt werden. Im Fall der musikalischen Improvisation hingegen ist die musikalische Darbietung bereits selbst die ganze Wahrheit.

Der Unterschied besteht nicht darin, dass die Improvisation anders als die Interpretation voraussetzungslos wäre. Im Alltag sprechen wir zwar manchmal davon, dass etwas doch noch sehr improvisiert sei und meinen damit, dass es dem nicht gerecht wird, was es eigentlich sein soll. Hier wird Improvisation im Sinne der mangelnden Vorbereitung als mangelhafte Weise des Hervorbringens verstanden. So ist musikalische Improvisation im Regelfall gerade nicht zu verstehen. Musikalische Improvisation ist vielmehr eine eigene und irreduzible Weise des Hervorbringens von Musik. Sie beruht im Jazz auf einer Einübung in die Praxis des Improvisierens. Diese entwickelt sich in Auseinandersetzung mit der Tradition dieser Musik und vor allem durch einen intensiven Nachvollzug von Personalstilen. Die verbreitete Praxis des Transkribierens ˣ und vor allem des minutiösen Nachspielens von Improvisationen bedeutender Jazzmusiker:innen schult nicht allein das Gehör und übt in die Wahrnehmung musikalischer Nuancen ein, sondern ist für die Ausbildung einer eigenen improvisatorischen Sprache unverzichtbar. Was Jazzmusiker und -innen dabei erwerben, ist weniger ein musikalisches Vokabular, das sie bei beliebigen Anlässen über bestimmte Harmoniefolgen spielen können. Vielmehr entwickeln sie eine eigene Art, etwas musikalisch zu tun, und damit einen Personalstil. Das lässt sich nur in Form einer Abstraktion als Kombination gegebenen Materials beschreiben. Denn in und durch die Improvisation wird das Material in seinem Sinn erst hervorgebracht. Dass man eine Improvisation so beschreiben kann, dass sie aus gegebenen musikalischen Phrasen und Elementen besteht, heißt noch nicht, dass sie damit angemessen beschrieben ist. Solch eine Beschreibung ist eine Abstraktion. Sie verzerrt das Ereignishafte und unkalkulierbare Momente der Improvisation, die ihre ästhetische Kraft ausmachen.

x
Transkription
Musikalische Praxis (von lat. „transcribere"= abschreiben), die darin besteht, dass man etwas Gehörtes (paradigmatisch eine Aufnahme einer Improvisation) in eine musikalische Notation überführt. Zudem wird unter Transkription auch die Übertragung einer Notenschrift in eine andere verstanden.

In bestimmter Weise besteht die Einübung in die Praxis der Improvisation damit im Erwerb einer paradoxen Fähigkeit: Sie übt sich in etwas ein, in das man sich eigentlich gar nicht einüben kann. Sie besteht in der Fähigkeit, einen sinnvollen musikalischen Ausdruck in und durch den musikalischen Vollzug selbst hervorzubringen, der sich nicht auf ein Werk berufen kann.[70] Das macht sie weder besser noch schlechter, weder anspruchsvoller noch anspruchsloser als die Interpretation. Es macht sie allerdings zu einer anderen Form musikalischer Praxis als die Praxis der musikalischen Interpretation. Natürlich muss auch eine musikalische Interpretation im Moment des Vollzugs gelingen. Sie lässt sich aber nicht allein stärker vorbereiten als eine Improvisation. Vielmehr wird durch ihr Scheitern nicht auch das Werk selbst in Mitleidenschaft gezogen. Vielmehr ist es einer (ästhetisch und / oder technisch) gescheiterten Interpretation nicht gelungen, das Werk angemessen zum Sprechen zu bringen.

Die Ungesichertheit der Improvisation und die Tatsache, dass hier gewissermaßen alles auf der Bühne passieren muss, lässt sich durch eine Analyse ihrer besonderen Zeitlichkeit verständlich machen.[71] Der Jazzpianist Bill Evans [x] hat davon gesprochen,[72] dass der Jazz keine prospektive Kunst sei, die anhand einer Blaupause das musikalische Ereignis im Vorhinein strukturiere, wie es die Interpretation ausgehend von dem Werk tut. Vielmehr handele es sich um eine retrospektive Kunst. In diesem Gedanken steckt eine andere Zukunftsgerichtetheit als im Interpretieren von Werken: Es ist erst die zukünftige Entwicklung, die festlegt, was der Gegenstand gewesen sein wird.

x
Bill Evans
1929–1980
Pianist des Modern Jazz, der sich vor allem in seiner Harmoniesprache auch an der Tradition europäischer Kunstmusik im Gefolge der Romantik orientiert hat.

Diese These ist zutreffend. Sie lässt sich anhand einer Antwort auf die Frage konkretisieren, was es heißt, einen Fehler in einer Improvisation zu machen. Während im Rahmen einer musikalischen Interpretation schon vor ihrem Vollzug feststeht, was es heißt, dass etwas an einer bestimmten Stelle eine falsche Note ist, so ist das im Jazz nicht ganz so einfach. Das liegt keineswegs daran, dass alles, was man während einer Improvisation macht, gleich gut wäre. Es liegt vielmehr daran, dass sich etwas als Fehler im Rahmen einer Improvisation erst im Rückblick der Improvisation zeigt.[73] Mit „Fehler“ meine ich hier nicht allein ästhetische Fehler; dass also etwas ein langweiliger Zug im Rahmen einer Improvisation war. Ich meine auch den Fall, dass man etwas spielt, was zu der harmonischen oder melodischen Struktur, die die anderen Musiker:innen vorgeben, nicht passt. Unvermögen, dass auf mangelnde Beherrschung des Instruments zurückgeht, ist kein Fehler, sondern eben das: Unvermögen.

x
Herbie Hancock
***1940**
Pianist des Modern Jazz. Er feierte in den 1980er-Jahren zudem Erfolge in der Popmusik.

Der Jazzpianist Herbie Hancock ˣ hat über sein Konzert mit dem Miles Davis Quintet 1967 in Stockholm Folgendes berichtet: "Wayne [Shorter] had taken his solo [on *So What*]. Miles was playing and building and building, and then I played the wrong chord. It was so, so wrong. In an instant, time stood still and I felt totally shattered. Miles took a breath. And then he played this phrase that made my chord right. It didn't seem possible. I still don't know how he did it. But Miles hadn't heard it as a wrong chord – he took it as an unexpected chord."[74] Der Punkt der geschilderten Erfahrung ist folgender: Miles Davis' Spiel hat Herbie Hancocks Spiel einen Sinn durch das gegeben, was er nach dem Akkord gespielt hat. Das heißt, dass der Sinn eines Zugs im Rahmen einer Improvisation nicht in Stein gemeißelt ist, sondern durch das verändert wird, was später kommt. Was ein Fehler ist und was nicht, steht damit nicht schon vor dem Vollzug der Improvisation fest. Es ist das ein Fehler, was am Ende der Improvisation ein Fehler geblieben sein wird; etwas, dem in und durch die darauf folgenden Züge kein Sinn verliehen worden ist.

Wenn die Tatsache, dass etwas ein Fehler ist, sich erst in und durch die Improvisation herauskristallisiert, so zeigt sich damit Folgendes: Die Elemente einer Improvisation sind nicht schon vor dem Vollzug in ihrem Sinn bestimmt. Vielmehr wird erst in und durch die Improvisation der Sinn der einzelnen Elemente herausgearbeitet. Man kann auch sagen: Die Improvisation besteht nicht aus Elementen, sondern konstituiert ihre Elemente erst in und durch den Vollzug. Wenn ich mit einer bestimmten melodischen Phrase eine Improvisation eröffne, so ist damit noch nicht über ihren Sinn entschieden. Wenn ich sie danach in einer anderen Tonart wiederhole oder in einem anderen Tempo spiele, erhält sie jeweils einen anderen Sinn. Greife ich auf sie nicht weiter zurück nach dem ersten Spielen, so kann sie (um die Improvisation in Analogie zu einem Gespräch zu setzen) vielleicht wie eine Nebenbemerkung verstanden werden, der im weiteren Verlauf der Improvisation keinerlei Bedeutung mehr beigemessen wird. Wichtig ist folgender Punkt: Nicht das, was ich zu Anfang getan habe, legt mich auf das fest, was ich daraufhin tun kann. Vielmehr legt das, was ich daraufhin getan habe, fest, was der Sinn des Anfangs war.

Zur ästhetischen Zeitlichkeit des Jazz

Ich möchte die ästhetische Zeitlichkeit der Jazzimprovisation terminologisch anhand des etwas sperrigen Begriffs des retroaktiven Holismus fassen. Den Begriff des Holismus hatte ich im letzten Kapitel des ersten Teils des Buchs so eingeführt, dass er besagt, dass ein Element im Rahmen einer Konstellation nur das ist, was es ist, insofern es in einer Relation zu allen anderen Elementen steht. Sein Sinn ist nicht zu ermitteln, indem man es ohne Kontext anschaut, sondern sein Sinn ergibt sich vielmehr erst, wenn es in den vielfältigen Relationen betrachtet wird, die es zu anderen Elementen unterhält. Dieser Holismus erhält in der Jazzimprovisation nun eine spezifisch zeitliche Wendung: Die Elemente sind nicht simultan da, sondern werden nacheinander hervorgebracht. Sie dennoch als holistisch verfasst zu begreifen heißt Folgendes: Das spätere Element bestimmt den Sinn des früheren Elements neu und weiter (und konstituiert es damit überhaupt erst in seiner Bestimmtheit). Genau das meint der Begriff der Retroaktion: Etwas Späteres wirkt auf den Sinn des Früheren zurück. Natürlich kann man das, was man vorher getan hat, nicht rückgängig machen. Aber der Sinn dessen, was man getan hat, wird eben durch das, was man danach getan hat, neu bestimmt.

Den Gedanken der rückwirkenden Bestimmung des Sinns der Elemente einer Improvisation kann man auch auf die Improvisation insgesamt ausweiten. So wie die Elemente in einem solchen Verhältnis zueinander stehen, so stehen auch Improvisationen als Ganze in einem solchen Verhältnis. Das ist wie folgt zu verstehen: Die späten Improvisationen Wayne Shorters [x] lassen seine frühen Improvisationen anders klingen und die Improvisationen Michael Breckers [x] lassen auch die Improvisationen John Coltranes anders klingen. Wenn eine Improvisation gelingt, so handelt sie nicht allein in ihrem Vollzug die Kriterien des Gelingens mit aus. Vielmehr positioniert sie sich auch explizit oder implizit im Spannungsfeld vorangehender Improvisationen.

x
Wayne Shorter
***1933**
Saxofonist des Modern Jazz, der aus dem Umfeld von Miles Davis hervorgegangen ist und in seiner Band Weather Report zusammen mit Joe Zawinul (1932–2007) den Jazzrock mitbestimmt hat.

x
Michael Brecker
1949–2007
Saxofonist des Modern Jazz.

x
Lee B. Brown
1932–2014
Philosoph.

Der amerikanische Philosoph und Jazztheoretiker Lee B. Brown x hat die Ungesichertheit der Improvisation anhand von drei Momenten beschrieben: der Situation, der Notwendigkeit der Entscheidung und dem Fehlen eines Skripts.[75] Sie erlauben ihm, die Improvisation in instruktiver Weise sowohl von der Interpretation als auch der Komposition (als Hervorbringung eines musikalischen Werks) abzugrenzen.

Das dritte Moment führt er dabei im Sinne meiner bisherigen Analyse ein, dass die Improvisation nämlich anders als die Interpretation keine Blaupause, keinen Fahrplan kennt, sondern in und durch den Vollzug erst ihre Elemente etabliert. Das Moment der Situation erläutert er wie folgt: Zur Besonderheit der Improvisation gehört im Kontrast zur Komposition, dass die Improvisierenden keinen Zug zurücknehmen können. Ein herkömmlicher Prozess des Komponierens erlaubt aber genau das: Der Komponist kann, wenn er mit etwas nicht zufrieden ist, etwas abändern. Die Improvisierenden können, wie wir gesehen haben, wenn überhaupt dem, was sie getan haben, durch etwas, was sie danach tut, einen neuen Sinn geben. Etwas einfach Ungeschehen machen können sie nicht. Das zweite Moment erläutert Lee B. Brown deshalb wie folgt: Die Improvisierenden sind zum Handeln gezwungen, wohingegen sich der Komponist Zeit lassen kann. Spielen sie nichts, so geht das in die Improvisation entweder als Pause oder als Sprachlosigkeit ein (oder sogar als Ausstieg aus der Improvisation); es zählt alles, was gerade geschieht, gerade deshalb, weil es gerade geschieht. Demgegenüber gehen Pausen im Prozess des Komponierens nicht in das Komponierte selbst ein.

Man könnte nun mutmaßen, dass diese Überlegungen zu extrem seien. Schließlich gibt es im Jazz ja sogenannte Jazzstandards ˣ. Sie kommen oftmals in Form von Notentexten daher, sogenannten Lead-Sheets ˣ, die einige wenige Angaben zur Melodie, zu den Harmonien, zum Stil usf. enthalten. Gleichwohl handelt es sich hier keineswegs um „dünne" Werke (also Werke, die durch weniger Eigenschaften definiert sind als diejenigen der europäischer Kunstmusik).[76] Das ist aus folgendem Grund so: Man hat, anders als beim Interpretieren eines Werks, keinen Fehler gemacht, wenn man gegen die Angaben auf den Lead-Sheets verstößt. Prinzipiell ist hier nichts sakrosankt: Man kann einen Standard in einer anderen Tonart ˣ, einem anderen Tempo, mit starken Veränderungen der Harmonie und Melodie spielen, ohne deshalb schon einen Fehler gemacht zu haben oder gar den Standard nicht länger zu spielen. Dass das so ist, liegt auch daran, dass die meisten Lead-Sheets gar nichts anderes sind als auf wenige Angaben reduzierte Transkriptionen historisch besonders einflussreicher Aufnahmen von Improvisationen (deshalb steht manchmal auf einem Lead-Sheet auch „as played by"). Obwohl sie auf den ersten Blick wie Partituren anmuten können, gilt: Im Fall von Jazzstandards hat die Notation eine ganz andere Rolle und Logik mit Blick auf die Praxis des Spielens von Jazz inne, als es die Partitur für das Interpretieren von Werken hat.

x
Jazzstandards
Der bewegliche Kanon des Jazz. Sie meinen Stücke unterschiedlicher Herkunft, die zum allgemeinen Repertoire von Jazzmusiker:innen geworden sind.

x
Lead-Sheet
Auf wenige Angaben wie Akkorde, Melodie und Text beschränkte Notation eines Stückes.

x
Tonart
Gibt den Bezugspunkt der harmonischen und melodischen Gestaltung eines Stückes an.

Interaktivität und Intensität des Jazz

Bevor ich abschließend kurz auf Formen der Interpretation in der europäischen Kunstmusik und im Pop eingehen werde, scheinen mir noch Bemerkungen zu zwei zentralen Dimensionen der Zeitlichkeit der Jazzimprovisation wichtig zu sein. Sie können als weitere Konkretionen des retroaktiven Holismus der Jazzimprovisation verstanden werden. Dabei handelt es sich erstens (I.) um den kollektiven wie dialogischen Charakter der Improvisation,[77] zweitens (II.) um die besondere Intensität der rhythmischen Gestaltung des Jazz:

I. Auch wenn Jazzmusiker:innen genauso viel alleine am Instrument üben wie andere Instrumentalist:innen: Die Jazzmusik lebt grundsätzlich von der interaktiven Gruppenimprovisation. Erwerb der Fähigkeit zur Improvisation wie die Ausübung der Fähigkeit zur Improvisation zehren vom gemeinsamen Spiel. Die Logik der Gruppenimprovisation lässt sich gut als Form eines musikalischen Gesprächs erläutern. Im gemeinsamen Spiel wird eine musikalische Bewegung auch dadurch entfaltet, dass sich die Improvisierenden in ihren Zügen gegenseitig bestärken oder das, was die anderen getan haben, in eine andere Richtung umlenken oder gar Einwände dagegen machen. Das geschieht aber in der Improvisation im Regelfall nicht durch explizite verbale Bemerkungen, sondern eben mit musikalischen Mitteln: Eine Phrase x wird umgedeutet, bestärkt oder gar schroff unterbrochen. So wie ein Gespräch keineswegs harmonisch ablaufen muss, wenn es ernsthaft betrieben wird, so muss auch die Gruppenimprovisation keineswegs harmonisch ablaufen. Im Fall der Gruppenimprovisation ist es zwar oft so, dass die Stimme einiger Musiker zugunsten der Stimme eines Musikers an bestimmten Stellen zurücktritt; sie begleiten dann einen Musiker, der soliert. Aber noch die Begleitung ist nicht allein improvisatorisch, sondern immer noch Teil des gemeinsamen Dialogs. Denn auch die Begleitung eines Solisten ist kein passives Reagieren auf das, was der Solist tut, sondern greift bestärkend, unterstützend, manchmal aber auch konterkarierend ein. Dass das so ist, lässt sich verdichtet besonders gut an Duoeinspielungen studieren; man kann sich in dieser Hinsicht etwa Brad Mehldaus und Joshua Redmans x Album *Nearness* von 2016 einmal anhören. Die Improvisation im Jazz hat einen Gesprächscharakter, der gerade in Form der Gruppenimprovisation (trotz aller Eingespieltheit fester Jazzensembles und Jazzgruppen) das unkalkulierbare und ungesicherte Moment der Improvisation verstärkt. Wenn solche Improvisationen gelingen, führen sie die Musiker:innen auch in und durch ihre jeweils unterschiedlichen Personalstile zu einer gemeinsamen musikalischen Bewegung, die sie von sich aus alleine nicht vollziehen könnten. Im Fall der Soloimprovisation führt der Improvisierende demgegenüber gewissermaßen mit sich selbst einen imaginären musikalischen Dialog.

x
Musikalische Phrase
Mehrere aufeinanderfolgende Töne einer Melodie, die eine eigenständige Sinneinheit bilden.

x
Joshua Redman
***1969**
Saxofonist des Modern Jazz.

II. Ein zentrales Signum des Jazz ist der Swing-Rhythmus ˣ. Swing meint ein eigentümliches Ineinander von Anspannung und Entspannung und findet sich so sicherlich in keiner anderen Musik. Anders als bei einem binären Rhythmus, bei dem sich eine Viertelnote in zwei gleich lange Achtel aufteilt, sind im Swing-Rhythmus die zugrunde liegenden Achtel nicht gleich lang. Oft wird das so dargestellt, dass die Viertelnote in drei triolische Achtel aufgeteilt wird und im Swing die erste und die dritte gespielt wird. Das ist aber letztlich nicht richtig (wer das tut, swingt und groovt gerade nicht, sondern das ganze klingt einfach geschraubt): „Swing" meint weniger technisch beschrieben nämlich die Gleichzeitigkeit von Anspannung und Entspannung und damit ein Moment des Jazz, das dezidiert auf unseren Körper zielt. Viele Arten von Jazzmusik zielen auch rhythmisch auf eine besondere Intensität, die in der Improvisation insgesamt liegt: darauf, in dem Moment zu sein und aus dem Moment heraus etwas hervorzubringen, was es davor nicht gab und danach nicht wieder geben wird. Man könnte die rhythmische Qualität des Jazz metaphorisch als sublimierten und gehemmten Tanz beschreiben: Zu Chick Coreas ˣ Alben wird man sicher nicht tanzen und soll das auch nicht – aber wer nicht die körperliche Verlebendigung und Animation dieser Musik hört und spürt, verpasst hier einfach alles.

x
Swing
Sowohl ein historischer Stil des Jazz als auch die rhythmische Gestaltung vieler Jazzspielweisen.

x
Chick Corea
***1941**
Pianist des Modern Jazz.

Im Dienste dieser intensiven Bewegungen werden dann die Noten auch im Swing-Rhythmus nicht genau auf den Achteln platziert; die Ungesichertheit der Improvisation gilt auch für die rhythmische Ebene: „Forward" und „laid back" sind Bezeichnungen für Spielweisen leicht vor dem Beat und leicht hinter dem Beat. Die rhythmische Dimension ist dabei mit der musikalischen Bewegung insgesamt verbunden: Miles Davis' sparsame Weise zu spielen, sein Gespür für Pausen und die Fähigkeit, nur durch Andeutungen und Skizzen ganze Melodielinien aufscheinen zu lassen und sie zugleich in ungewöhnliche Richtungen auszudeuten, ist ebenso mit seiner Art und Weise, die Noten rhythmisch zu platzieren, verbunden, wie John Coltranes energetisches Spiel auch mit seiner rhythmischen Spielweise verbunden ist, die einen ganz anderen Groove hat als die Spielweise von Miles Davis.

x
Bossa Nova
Gattung der brasilianischen Musik.

x
Groove
Die Idee, dass sich Musiker geschmeidig in einem zugrunde liegenden Rhythmus bewegen. Darüber hinaus meint der Begriff auch die Tatsache des rhythmischen Passens und der rhythmischen Flüssigkeit im Spiel.

Dabei ist Swing-Rhythmus natürlich keine notwendige Bedingung für den Jazz; Jazz kann auch im Medium von Rock-Rhythmen oder Bossa-Nova-Rhythmen x operieren. Nicht nur in Sachen Tonbildung und Harmoniesprache bilden alle fortgeschrittenen Jazzmusiker:innen eine je eigene Weise aus, etwas zu tun, sondern auch mit Blick auf die rhythmische Gestaltung dieser Musik. Wie auch für einige Arten von Popmusik zentral, ist Groove x damit die Währung vieler (wenn auch nicht aller) Arten von Jazzmusik.[78] Anders als in der Popmusik gewinnt der Groove aber im Jazz ausgehend von seiner improvisatorischen Natur Kontur.

Improvisation außerhalb des Jazz

Heute ist die Improvisation besonders markant mit der Jazzmusik verbunden. Sie ist aber natürlich (wenn auch in anderer Form als im Jazz) auch ein Signum außereuropäischer Musikkulturen (die in Form der afrikanischen Musik natürlich einen Baustein der Entstehung des Jazz in New Orleans bildet). Zudem war Improvisation in der europäischen Kunstmusik vor der Entwicklung des Werkparadigmas gang und gäbe. In mittelalterlichen Musikpraktiken gab es keine Partituren im heutigen Sinn und Improvisation zählte zu den integralen Aspekten musikalischer Praxis. Und Bachs musikalisches Opfer ist in seiner Grundanlage wohl aus einer Improvisation über eine Fuge vor Friedrich dem Großen entstanden.[79] Eingriffe in Notationen stellten dabei kein Problem dar, weil es eben den Gedanken des authentischen, die Intention des Komponisten ausdrückenden Werks noch nicht gab. Nicht unterschlagen werden darf auch hier, dass die Konturen der musikalischen Improvisation andere waren als im Jazz.

Aus dem Gesagten folgt freilich nicht, dass Improvisation heute noch eine Grundbestimmung europäischer Kunstmusik wäre. Man muss deutlich den Fall, dass Improvisation Teil einer musikalischen Praxis ist, von dem Fall unterscheiden, dass Improvisation ein Teil von der Geschichte der Genese einer musikalischen Praxis ist. Dennoch gibt es einige der Tradition europäischer Kunstmusik zuzuordnende Bereiche, in denen durchaus improvisatorische Praktiken anzutreffen sind. Man kann hier an die geistliche Orgelmusik erinnern, gesetzt den Fall, man erklärt sie nicht zu bloß funktionaler Musik zum Lob Gottes. Auch in der Neuen Musik sind improvisatorische Verfahren keine Seltenheit.[80] Allerdings sind sie ebenso wie im Fall der geistlichen Musik in der Regel weiterhin vom Konzept des musikalischen Werks bestimmt. Improvisation gewinnt in der Tradition europäischer Kunstmusik dadurch einen anderen Sinn als im Jazz, dass sie von der Logik des musikalischen Werks her gedacht wird (sei es, dass der Vortrag des Werks im Fall geistlicher Musik relativ offen ist, sei es, dass improvisatorische Verfahren ein Element eines Werks der Neuen Musik werden können).

Auch in der Popmusik ist Improvisation kein Fremdkörper. Wenn man Rockmusik ˣ als Unterkategorie der Popmusik versteht, so hat man es mit einem musikalischen Stil zu tun, der offensichtlich auch in mehr oder weniger dominanter Weise von der Improvisation geprägt ist. Auch wenn sie hier üblicherweise in eher weniger ausgeprägter Weise auftaucht, handelt es sich dennoch um Improvisation. Noch das Verzieren und Umspielen kann (in Analogie zur musikalischen Praxis im Barock der europäischen Kunstmusik) als eine Form der Improvisation verstanden werden. Auch auf Popalben finden sich oft zwischen den Strophen und Refrains kürzere Improvisationen – und im schon genannten Progressive Rock ˣ ist ausgiebig improvisiert worden. Im Pop gewinnt die Improvisation aber häufig Kontur ausgehend von den Alben dieser Musik. Zumeist gibt es Studioalben, auf denen eine Referenzversion eines Songs festgehalten worden ist. Das gilt mit Einschränkungen auch für die Rockmusik: Wenn auch nicht in jedem Fall, so lebt doch auch die Rockmusik von Alben, die im Studio produziert sind und oft definitive Fassungen der Songs (und nicht etwa musikalische Interpretationen musikalischer Werke) darstellen. Es kommt hier sicher auch darauf an, inwieweit man die Rockmusik wie den Jazz auch aus einer Tradition des Blues zu erläutern versucht, in dem die Improvisation lebendig war und ist. Mit Aufnahmen in Gestalt des Albums oder des Tracks als primärem Medium der Popmusik wird sich der nächste Abschnitt des Kapitels beschäftigen.

x
Rockmusik
Untergattung der Popmusik.

x
Progressive Rock
Für diesen Musikstil ist in unterschiedlicher Weise der Versuch prägend, die Grenzen des Rock durch eine Integration von Elementen der Tradition europäischer Kunstmusik oder auch außereuropäischer Musik zu erweitern.

Postskriptum zum Design: Die improvisatorische Logik des Jazz kann in bestimmter Weise auch für eine Beschreibung der Praxis des Designs fruchtbar gemacht werden. Das betrifft die Produktionsseite des Designs und nicht den Gebrauch (auch dann, wenn die Praxis der Nutzer und Nutzerinnen in den Sinn der produzierten Designgegenstände eingeht, wäre es – außer in ganz bestimmten Kontexten – schräg zu sagen, diese sei improvisatorisch). Das meine ich wie folgt: So wie vor dem Abschluss einer Improvisation der Sinn der Elemente nicht feststeht, so steht der Sinn des Entwurfs als Ganzem vor seiner Konkretisierung im Designprozess nicht fest. Design ist kein auswendiges Abspulen von handwerklichen Fähigkeiten, sondern die Konkretion einer gestalterischen Idee in Form ihrer Durcharbeitung in Medien und Materialien. Diese Konkretion kann mitunter durchaus improvisatorische Züge haben. Insgesamt ist sie aber wohl eher nach dem Vorbild der kompositorischen Praxis zu verstehen und das aus einem schlichten Grund: Von Lee B. Browns drei Begriffen passt nur das Fehlen eines Skripts; es ist aber nicht so, dass alles, was Designer und Designerinnen im Hervorbringen ihres Entwurfs tun, am Ende auch in den Entwurf eingegangen sein wird. Davon unbenommen ist die Möglichkeit, dass improvisatorische Verfahrensweisen auch in dieser stärkeren Bedeutung Eingang in die gestalterische Praxis finden können. Aber nicht jedes Entwerfen ist im engeren Sinn improvisatorisch (auch wenn es die dazugehörige Ungesichertheit insofern aufweist, als am Anfang noch nicht das Ergebnis feststeht, sondern erst im Rückblick die einzelnen Schritte – sei es in ihrem Beitrag zum Ergebnis oder als Sackgassen – mit Blick auf den endgültigen Entwurf ihren Sinn offenbaren).

Die Aufnahme im Pop

Die Entstehung von Aufzeichnungstechniken (ehedem analog, heute in weiten Teilen digital) hat die musikalische Praxis insgesamt verändert. Dass es sie gibt, stellt eine vergleichbare Zäsur dar wie die Entstehung der Kategorie des musikalischen Werks. So wie die Kategorie des musikalischen Werks auf bestimmte Notationssysteme als mediale Techniken angewiesen war, ist die Entstehung der Aufnahme trivialerweise auf technische Medien ihrer Produktion verwiesen. In diesem Sinn ließe sich eine Medientheorie und -geschichte der Musik erzählen, die die Techniken und Medien, die jeweils Voraussetzung verschiedener musikalischer Praktiken waren, in den Blick nimmt.[81] Dabei ist allerdings die ästhetische Praxis keineswegs ein bloßer Reflex der Mediengeschichte; vielmehr schreibt sie sich in und durch ihre spezifische Nutzung in die entsprechenden Medien ein und bestimmt diese genauso sehr wie jene sie.

Musik begegnet uns heute vor allem in Form von Aufnahmen. Sei es, dass wir auf dem Weg zur Arbeit per Kopfhörer Tracks unserer Lieblingsplaylist über einen Streamingdienst ˣ hören; sei es, dass wir abends mit unserer Hi-Fi-Anlage Einspielungen von Chopins ˣ *Etüden* in konzentrierter Weise hören: Aufnahmetechniken in Form zunächst der Schallplatte, dann der Kassette und später der CD sind ebenso wenig aus der Musikpraxis wegzudenken wie heute natürlich vor allem besagte Streamingdienste oder der digitale Kauf von Musik. Von der Schallplatte zum Streamingdienst hat sich dabei mit Blick auf die Popmusik vor allem die Einheit der Musik verändert: Während es in Zeiten der Schallplatte zwar auch Single-Auskopplungen gab, so war eine der primären Währungen doch ein ganzes Album. Heute gewinnt durch die Streamingdienste gerade in der Popmusik der einzelne Track an Bedeutung, der nicht mehr vorrangig oder ausschließlich als Teil einer größeren ästhetischen Einheit, dem Album, verstanden wird (ob man daraus die kulturpessimistische Lektion ziehen sollte, dass durch die universelle Verfügbarkeit der Musikgenuss insgesamt entwertet wird, mag an dieser Stelle offen bleiben).

x
Streamingdienst
Dienste wie Spotify, für die charakteristisch ist, dass sie mit einem monatlichen Abomodell arbeiten und der Käufer zwar Zugriff auf eine sehr große Musikbibliothek hat, die er auf seinen Endgeräten abspielen kann, die Musik selbst aber nicht mehr in Form eines Trägermediums oder einer Datei besitzt.

x
Frédéric Chopin
1810–1849
Komponist und Pianist der Romantik, der vor allem für seine Nocturnes, Études und Mazurkas für Klavier bekannt ist.

Durch den Vormarsch der Aufzeichnungstechniken und den sich dadurch vollziehenden qualitativen Wandel der Musikkultur hat sich auch der Status musikalischer Darbietungen geändert; gerade in der Popmusik haben sie (etwa im Rock) den Status von Events und Spektakeln oder (wie in der elektronischen Tanzmusik in der Clubszene) den Status der hypnotischen Auflösung des Selbsts in einem Kollektiv. Diese Dialektik erfasst auch die Tradition europäischer Kunstmusik und den Jazz: Gerade durch die Omnipräsenz von Aufnahmen wird die musikalische Darbietung wieder in ihrer Wirkung gesteigert und verspricht eine besondere und unvertretbare Erfahrung.

Hinsichtlich der Aufnahme müssen wir gleichwohl wie bei der musikalischen Darbietung zwei Unterklassen unterscheiden: Die Aufnahme als ästhetischen Gegenstand eigenen Rechts und die Aufnahme als Dokumentation musikalischer Darbietungen. Im ersten Fall handelt es sich um eine musikalische Aufnahme, im zweiten Fall um eine Aufnahme von Musik.

Wenn wir zum Beispiel *Sgt. Pepper's Lonely Hearts Club Band* anhören, so hören wir keine Dokumentation von Musik, die es außerhalb des Studios so irgendwie gegeben hat. Nehmen wir einmal exemplarisch den Track *A Day in the Life*. Dieser Track ist als Song natürlich auch von den Beatles live gespielt worden. Und es handelt sich um einen Song, der durchaus auch von anderen Bands und Musiker:innen gecovert worden ist (von Chris Cornell [x] zum Beispiel). Aber ein Popsong ist weder ein Werk (und damit etwas, dessen Geist in verschiedenen musikalischen Interpretationen versucht wird auszudrücken) noch ein Moment im Rahmen einer musikalischen Improvisation (wie es ein Jazzstandard ist). Der Unterschied ist folgender: Der Track ist im Fall der Popmusik im Regelfall (es gibt hier natürlich gerade in der Rockmusik Ausnahmen) keine austauschbare Verkörperung des Songs; er ist vielmehr eine definitive und autoritative Fassung. Auch wenn man *A Day in the Life* anders spielen und sogar als Jazzstandard umdeuten kann: Der primäre Bezugspunkt des Songs ist zunächst einmal der Track der Beatles.

x
Chris Cornell
***1964–2017**
amerikanischer Rockmusiker, der vor allem mit seiner Band Soundgarden im Zuge des Erfolgs des Grunge in den 1990er-Jahren die Rockmusik nachhaltig geprägt hat.

Das ist so, weil die Produktionsaspekte des Tracks ein integraler Bestandteil desselben sind. Man muss sich klar machen, dass *A Day in the Life* aus einer Verbindung von zwei ursprünglich unterschiedenen Songs entstanden ist – einer stammte aus der Feder von John Lennon ˣ, der andere aus der von Paul McCartney ˣ. Am Ende des ersten Teils, der von Lennon stammt und auch von ihm gesungen wird, wird ein Orchester eingespielt – ein Orchester, das ein schlichtes Glissando spielt und dann in den zweiten Teil des Songs von Paul McCartney mündet. Dieses Vorgehen geht ebenso wie der Sound des Albums insgesamt nicht zuletzt auf die Arbeit von George Martin zurück. *A Day in the Life* ist keine Dokumentation einer Live-Performance im Studio (auch wenn er mit Live-Performances als zentralem Element arbeitet), sondern etwas, das allein und ausschließlich so im Studio entstehen konnte.

Nehmen wir ein zweites Beispiel: Michael Jacksons *Billie Jean* von seinem Album *Thriller*. Der Track lebt nicht zuletzt von der treibenden Basslinie (die bei den schweren Taktzeiten eins und drei die Drei um eine Achtel vorzieht und so einen nach vorne treibenden Groove entwickelt; das wird auch durch die Synthesizer-Akkorde unterstützt). Quincy Jones ˣ hat als Produzent maßgeblich die Schichtung der Spuren und ihre Rolle bestimmt. Das betrifft nicht zuletzt Michael Jacksons Gesang selbst: Es ist trivialerweise schlicht nicht möglich, ohne Aufnahmetechniken als Sänger über die eigene Gesangslinie noch weitere Stimmen zu singen. Natürlich ist der Track von Michael Jackson in seinem Charakter deutlich anders als der Track der Beatles und das nicht nur, weil er aus den 1980ern stammt und nicht aus den 1960ern: Er gehört nicht zuletzt anders als der Beatles-Song auch in die Disko und in ihm geht es vor allem um einen spezifischen Groove. Aber wie für den Beatles-Song gilt: Es handelt sich hier um Musik, die es in dieser Weise nur in Form einer Aufnahme geben kann und deren primärer Gegenstand der ästhetischen Wertschätzung ebenjene Aufnahme ist.

x
John Lennon
1940–1980
einer der vier Beatles, der nach der Auflösung der Band 1970 auch als Solomusiker erfolgreich war und nicht nur als Gitarrist, sondern auch als Komponist bei den Beatles eine ganz eigene Handschrift hatte.

x
Paul McCartney
***1942**
neben Ringo Starr (*1940) einer der beiden noch lebenden Beatles, der auch nach deren Auflösung die Popmusik weiterhin nachhaltig beeinflusst.

x
Quincy Jones
***1933**
Musikproduzent und Jazztrompeter.

Eine solche These bestreitet nicht das musikalische Talent der beteiligten Musiker und Musikerinnen. Michael Jackson zum Beispiel hat eine Demofassung von *Don't Stop 'Til you Get Enough* aufgenommen, die der Endfassung von *Off the Wall* sehr nahe kommt und die er Quincy Jones vor den Albumaufnahmen mitbrachte; für das letzte zu seinen Lebzeiten veröffentlichte Album *Invincible* sang er zunächst die Instrumentalspuren und die Beats selbst ein, bevor sie danach mit Instrumenten eingespielt wurden. Und es ist durchaus auch möglich, dass jemand ein Album einspielt und auch selbst produziert. Entscheidend ist allein Folgendes: Was im Fall der meisten Popmusik beurteilt wird, ist etwas, was es so nicht ohne Produktionsaspekte gäbe und bei dem die Produktionsaspekte in die ästhetische Gestalt des Gegenstandes selbst eingehen. In diesem Sinn ist von DJs am Computer produzierte Musik keineswegs eine Schwundstufe der Popmusik, sondern eigentlich eine durchaus konsequente Weiterentwicklung von etwas, was in der Popmusik prinzipiell in Reichweite ist. Die Vorliebe gerade einiger Rockfans für das „Handgemachte" verpasst eine zentrale Dimension der Popmusik (gesetzt den Fall, wir behandeln Rockmusik als eine Unterkategorie der Popmusik).

Popmusik als phonographische Kunst

Alben und Tracks sind, so mein leitender Gedanke, in der Popmusik normalerweise ästhetische Gegenstände eigenen Rechts. Es sind, um noch einmal einen Begriff von Lee B. Brown aufzugreifen, Werke der Phonographie.[82] Das heißt auch, dass solche phonographischen Aufnahmen keine bloßen Dokumentationen musikalischer Darbietungen sind – wenn auch in den meisten Fällen musikalische Darbietungen Teil der musikalischen Aufnahme sind. Damit ist bereits die zweite Unterkategorie der Aufnahme benannt: Es gibt nämlich durchaus Aufnahmen, die dem Anspruch nach dokumentarisch sind. Sie sind nicht ästhetische Gegenstände eigenen Rechts, sondern Dokumentationen ästhetischer Gegenstände eigenen Rechts.

Eine wichtige Qualifikation ist hier nötig. Zu sagen, dass es Aufnahmen gibt, die einen dokumentarischen Charakter haben und damit weniger musikalische Aufnahmen sind als vielmehr Aufnahmen von Musik, heißt nicht zu sagen, dass sie mit Blick auf das Dokumentierte transparent wären. Wären sie das, würden sie in die gleiche Kategorie wie Fernrohre oder Spiegel gehören und damit letztlich Wahrnehmungsprothesen sein. Das ist aber nicht der Fall.[83] Denn sowohl die Wahl bestimmter Mikrofone wie auch ihre Platzierung im Raum trägt zum Gesamtklang der Aufnahme bei. Es gibt keine Aufnahme, die nicht zugleich Gewichtungen und Deutungen mit Blick auf die musikalische Darbietung beinhalten würde. Das allerdings verunmöglicht noch nicht, dass sie nicht einer dokumentarischen Agenda dienen kann. So wie es dokumentarische Photographien gibt (die ihr Sujet selbst zum Sprechen zu bringen trachten), so gibt es dokumentarische Aufnahmen. In beiden Fällen handelt es sich nicht um Transparenz. Gleichwohl lassen sich die Mittel der Aufnahme nutzen, etwas an dem, was aufgenommen worden ist, besonderes konturiert herauszuarbeiten. Popmusik besteht demgegenüber vor allem in solchen Aufnahmen, die nicht dokumentarisch sind, sondern phonographisch und damit ästhetische Gegenstände eigenen Rechts.

In der Popmusik ist die Musik allerdings nicht allein stark von Produktionsaspekten ihrer Tracks und Alben bestimmt. Sie ist vielmehr hin zu weitergehenden medialen Formaten entgrenzt und das in viel stärkerer Weise, als dies im Jazz und in der europäischen Kunstmusik der Fall ist. Diedrich Diederichsen **x** hält in seinem Buch *Über Pop-Musik* fest: „Pop-Musik ist der Zusammenhang aus Bildern, Performances, (meist populärer) Musik, Texten und an reale Personen geknüpften Erzählungen."[84] Ich halte die von ihm vertretene These, dass Popmusik nicht an erster Stelle Musik sei, zwar für überspitzt. Aber Diederichsen hat völlig recht, wenn er festhält, dass Popmusik „nicht in [der Musik] auf[geht]".[85] Diskutiert man Popmusik aus der Perspektive der Musik, so ist ein Blick auf das Album und den Track und allgemeiner auf „technische (Ton-)Aufzeichnung[en]" unverzichtbar.[86] Um sie als ästhetische Gegenstände aber richtig in den Blick zu nehmen, ist es wichtig, ihrem intimen Verhältnis auch zu außermusikalischen Medien, Formaten und Formen nachzuspüren.

x
Diedrich Diederichsen
***1957**
Kulturwissenschaftler, Kritiker und Theoretiker der Popmusik.

Wer bei einem Popkonzert die Augen schließt, verpasst hier eine zentrale Dimension dessen, worum es geht (das ist im Jazz und in der europäischen Kunstmusik tendenziell anders). Auch wenn gerade der Jazz unzweifelhaft eine grafische und fotografische Seite hat (Was wären die ikonischen Blue-Note-Alben ˣ ohne die Fotografien von Francis Wolff und die ECM-Alben ˣ ohne die einschlägige Covergestaltung unter anderem von Barbara Wojirsch und Dieter Rahm?): In der Popmusik ist diese Dimension noch einmal deutlich ausgeprägter, da die Musik hier besonders markant zu vielfältigen Aspekten der visuellen Kultur und geschichtlichen Gegenwart hin entgrenzt ist. Wer das Cover eines Albums nicht kennt, kennt oft die Musik nicht und wer die Pose des Sängers nicht versteht, versteht hier vieles andere auch nicht.

x
Blue Note Records
wurde 1939 von Alfred Lion (1908–1987) und Francis Wolff (1908–1971) gegründet und ist ein zentrales Label des Modern Jazz. Die Fotografien von Wolff haben maßgeblich die Bildlichkeit des Modern Jazz geprägt.

x
ECM Records
Ende der 1960er-Jahre gegründetes deutsches Label, das zu den zentralen Labels im europäischen Jazz, aber auch in der jüngeren europäischen Kunstmusik gehört. Die hier genannten Designer:innen und weitere haben den markanten visuellen Stil des Labels geprägt.

Eine Überlegung Diederichsens scheint mir besonders schlagend zu sein, wenn es um Popmusik geht. Er hat sie in eine recht sperrige Kapitelüberschrift seines Buches gepackt, die lautet: „Musik ist das Geräusch, das ein Subjekt macht, Pop-Musik besteht aber auch aus den Geräuschen, die entstehen, wenn jemand gerade nicht Subjekt ist".[87] Dieser Gedanke ist nicht allein im engeren Sinn auf Diederichsens Betonung der in ihren Aufzeichnungsmedien liegenden nichtintentionalen Aspekte der Popmusik zurückzuführen. Sie verselbstständigen sich gegenüber dem subjektiven Zugriff. Der Gedanke meint auch die Dimension, dass in der Popmusik Authentizität eine gemachte und inszenierte ist, die sich in Posen ausdrückt. Daran ist gar nichts schlimm, sondern der künstliche Charakter der Inszenierung wird hier eine entscheidende Währung des Ästhetischen. Gerade deshalb ist diese Musik in der Lage, oftmals gesellschaftlich transgressive Inhalte zu inszenieren (egal ob es sich nun um Kunstmusik handelt oder nicht). Diederichsen hält demnach zu Recht fest: „Damit ist die Pop-Musik ein Kind der phonographischen Epoche. [...] Ihr Referenzpunkt ist weder die Komposition [...] noch das reine recording date, also das Dokument einer Session im Studio oder auf der Bühne, sondern die im Studio gemeinsam mit einem Produzenten fertig gestellte Aufnahme samt der sie untrennbar begleitenden visuellen Verpackungselemente (Cover, Inner Sleeves, Booklet etc. – je spezifische Grafik, Typografie, Fotos etc.)."[88] Dazu kommen spätestens seit den 1980er-Jahren Musikvideos und heute Webauftritte, die keineswegs der Popmusik einfach äußerliche Zugaben sind.

Die Aufnahme in der europäischen Kunstmusik und im Jazz

Wie steht es um den Status der Aufnahme im Jazz und in der europäischen Kunstmusik? Die Aufnahme ist einerseits für die Praxis des Jazz unverzichtbar. Hätten wir zum Beispiel keine Dokumentationen von Charlie Parkers [x] Improvisationen und damit von je singulären raumzeitlichen Ereignissen, so wäre es schwierig, sich vorzustellen, dass der Jazz eine transnational so bedeutende Musik geworden wäre. Andererseits haben die meisten Alben im Jazz vor allem eine dokumentarische Funktion: Auch wenn sie nicht transparent sind mit Blick auf die aufgezeichnete musikalische Darbietung, ist doch das, was hier ästhetisch wertgeschätzt wird, die musikalische Darbietung selbst.

x
Charlie Parker
1920–1955
Jazzsaxofonist. Gilt als einer der Begründer des Modern Jazz.

Das ist allerdings nicht durchweg so. Denn auch im Jazz gibt es Werke der Phonographie; ich nenne an dieser Stelle nur zwei. Der gerade als Jazzlehrer einflussreiche Jazzpianist Lennie Tristano [x] hat auf seinem 1956 unter dem Titel *Lennie Tristano* veröffentlichten Album Overdubbing eingesetzt (also verschiedene Spuren übereinander eingespielt) und auch die Bandgeschwindigkeit manipuliert. Tristano hatte eine genuine Spielweise und Improvisationspraxis entwickelt, sodass die Bandmanipulationen keineswegs auf eine Kompensation von musikalischem Unvermögen zurückzuführen sind, sondern eine künstlerische Entscheidung darstellen. Ein zweites, noch bekannteres Beispiel ist Miles Davis' *Bitches Brew* [x]. Der Produzent des Albums, Teo Macero, hat damit allerdings keineswegs eine Gruppenimprovisation dokumentiert, sondern die Aufnahmen vielmehr aus Fragmenten verschiedener Improvisationen zusammengefügt. Wie bei den meisten Tracks auf Tristanos Album handelt es sich somit auch bei Miles Davis' *Bitches Brew* um ein Werk der Phonographie und nicht um ein Album, das eine Dokumentation einer Jazzimprovisation ist. Zweifelsohne gilt aber gerade für das Album von Miles Davis, dass es von der Logik der Improvisation in der Weise bestimmt ist, dass es ihm um eine Inszenierung und Konservierung improvisatorischer Energie geht – auch wenn das im Fall dieses Albums eben nicht in Form einer Dokumentation einer solchen Improvisation geschieht, sondern in Form einer phonographischen Bearbeitung.

x
Lennie Tristano
1919–1978
Pianist und Lehrer des Modern Jazz.

x
Bitches Brew
gilt zusammen mit *In a Silent Way* als Geburtsstunde des Jazz Rock / Fusion und damit einer Integration von Prinzipien, Formen und nicht zuletzt Instrumentierungen und Rhythmen der Rockmusik in die Jazztradition.

Entsprechende phonographische Werke gibt es auch in der Tradition europäischer Kunstmusik. Das bereits genannte Werk *Gesang der Jünglinge* von Karlheinz Stockhausen gehört dazu: Es existiert nicht als Partitur, die in potenziell unendlich vielen Interpretationen gespielt werden kann, sondern als Aufnahme. Insgesamt gehören auch die Werke der Musique concrète [x], die durch ein Schneiden, Überkreuzungen, Modifizieren usf. von aufgenommenen Alltagsgeräuschen wie musikalischen Darbietungen neue Klangereignisse produzierten, zu den phonographischen Werken und Werke der elektronischen Musik von Herbert Eimert [x].

x
Musique concrète
Die Gattungsbezeichnung geht auf den französischen Komponisten Pierre Schaeffer (1910–1995) zurück.

x
Herbert Eimert
1897–1972
Komponist.

Zu den phonographischen Werken gehören aber auch viele der späteren Einspielungen des Pianisten Glenn Gould: Er hat sie aus Versatzstücken verschiedener seiner aufgezeichneten musikalischen Darbietungen zusammengestellt. Analog zu Miles Davis' *Bitches Brew* entsteht zwar auch hier ein Produkt, das am Ende die Anmutung der Dokumentation einer musikalischen Darbietung hat. Aber auch für diese Alben Glenn Goulds gilt: Es sind phonographische Arbeiten, da es keine musikalische Darbietung gibt, die sie festhalten würden. Anders als im Fall des Albums von Miles Davis ist es allerdings so, dass die Bearbeitung der Aufnahme hier im Dienste einer Interpretation eines Werks steht.

Der erste Teil des Buches hat Unterscheidungen innerhalb der musikalischen Praxis vorgenommen und sich zugleich gegen den Versuch verwahrt, Musik im herkömmlichen Sinne zu definieren. Der zweite Teil des Buches hat davon ausgehend europäische Kunstmusik, Jazzmusik und Popmusik als drei Traditionen musikalischer Praxis rekonstruiert, die sich anhand der unterschiedlichen Rolle, die das musikalische Werk, die musikalische Improvisation und die musikalische Aufnahme in ihnen jeweils spielen, unterscheiden lassen. Der folgende dritte Teil des Buches wird nun abschließend den Entgrenzungen der Musik zum Design nachgehen.

Postskriptum zum Design: Gerade die Popmusik ist eine Art von Musik, die in besonders inniger Weise auf Praktiken und Formate des Designs bezogen ist. Das liegt nicht zuletzt daran, dass in ihr Musik hin zu gestalteten Aspekten der Alltagskultur entgrenzt ist: Nicht allein die Plakate von Konzerten sind Teil einer grafischen Geschichte der Popmusik, sondern die Albumcover wie auch die Mode. Da das mit einem erweiterten Verständnis des musikalischen Materials einhergeht, ist es so, dass diese gestalterischen Dimensionen durchaus dem Geist der Popmusik selbst entspringen und nicht von außen an sie herangetragen werden.

Musik lässt sich als eine Kunstform unter anderen Kunstformen behandeln. Das dritte und letzte Kapitel diskutiert nicht allein klassische und jüngere Konzeptionen der Unterscheidung der Künste und der Rolle, die die Musik im Zusammenhang mit anderen Künsten einnimmt. Es entwickelt zugleich ein Verständnis der entfernten Nähe zwischen Musik und Design.

Das System der Künste

Musik kann man nicht allein in ihrer internen Ausdifferenziertheit betrachten, wie ich es im letzten Kapitel getan habe. Vielmehr kann man sie auch in einem größeren Kontext verorten. Ein paradigmatischer Kontext sind die Künste. Neben der Literatur, der Malerei, dem Theater, der Performance und dem Film ist auch die Musik eine Kunstform. Ich hatte im ersten Kapitel des Buches festgehalten, dass unter ästhetischer Perspektive eine herkömmliche Definition der Musik (verstanden im Sinne der Angabe jeweils notwendiger und zusammen hinreichender Bedingungen) weder möglich noch wünschenswert ist. Das heißt aber nicht, dass wir nicht den Unterschied zwischen den Künsten berücksichtigen müssen. Musik ist nicht Film und nicht Literatur. Wie könnte ein solcher Unterschied aus dem Geist der Ästhetik angemessen bestimmt werden?

Die folgenden Überlegungen entwickeln ein Verständnis der Künste, dass sie trotz ihrer Unterschiedenheit in eine Nähe zueinander setzt. Das ist wie folgt zu verstehen. Nicht allein können Materialien der Literatur und des Theaters in der Musik aufgegriffen werden, ohne dass wir es deshalb nicht länger mit Musik zu tun hätten. Vielmehr können literarische Werke ebenso wie Theateraufführungen musikalische Eigenschaften ausdrücken. Die Zugehörigkeit zur Musik und zur Literatur wird dabei nicht an erster Stelle dadurch sichergestellt, dass wir es in der Musik meistens mit Klängen, in der Literatur hingegen mit Worten zu tun haben. Es wird, so habe ich im zweiten Teil des Buches argumentiert, vor allem durch das Anschließen an eine jeweils unterschiedene Tradition sichergestellt. Nur so wird verständlich, warum jüngere Entwicklungen im Gefolge der Neuen Musik (ich denke hier an die Arbeiten von Johannes Kreidler, Martin Schüttler [x] oder Hannes Seidel [x]) manchmal gar nicht mehr oder nicht durchweg wie Musik klingen oder aussehen und dennoch künstlerische Praktiken sind, die aus einer Tradition der Musik stammen.

x
Martin Schüttler
***1974**
Hannes Seidel
***1977**
Gehören zur jüngeren Riege zeitgenössischer Komponist:innen, die mit einem deutlich erweiterten Musikbegriff operieren.

Den Gedanken der Zugehörigkeit zu einer Tradition des künstlerischen Produzierens werde ich nun mit Blick auf die Künste ausbuchstabieren. Die Relevanz dieser Überlegungen für das Verhältnis von Design und Musik besteht in Folgendem: Die Debatten um das Verhältnis der Künste lassen sich auch für die Frage des Verhältnisses einzelner Künste zu einzelnen (in traditionellen Begriffen so genannten) angewandten Künsten fruchtbar machen. Damit sollen gerade nicht die Grenzen zwischen Musik und Design eingezogen werden. Es soll vielmehr gezeigt werden, in welcher Weise Verfahrensweisen der Musik in Designpraktiken Eingang finden können und inwieweit Designgegenstände musikalische Aspekte zum Ausdruck bringen können (ohne selbst zu den Gegenständen der Musik zu gehören).

Der klassische Bezugspunkt für Debatten um das Verhältnis der Künste ist das sogenannte System der Künste. Ich werde mit einer Diskussion dieses Gedankens beginnen, und zwar paradigmatisch anhand von Lessing [x] und Hegel. Die Diskussion soll auch zeigen, was diese Konzeption gerade noch nicht angemessen denkt: Die Ungesichertheit dessen, was die Künste sind, und die vielfältigen Austauschprozesse zwischen ihnen. In jüngeren Debatten um die Intermedialität [x] der Künste ist eine Alternative zum System der Künste formuliert. Ich werde sie in kurzen Skizzen der Positionen Wagners, Kandinskys [x] und Adornos entwickeln. Von diesen Debatten lässt sich lernen, dass die Künste in bestimmter Hinsicht immer schon gegeneinander entgrenzt sind. Die Intermedialitätsthese droht aber die durchaus richtige These des Systems der Künste zu verabschieden, dass die Künste in ihrer Unterschiedenheit gedacht werden müssen.

x
Gotthold Ephraim Lessing
1729–1781
Schriftsteller der Aufklärung.

x
Intermedialität
Die Tatsache, dass es Gegenstände gibt, die sich nicht eindeutig einem Medium zuordnen lassen, sondern verschiedenen Medien zugehörig sind.

x
Wassily Kandinsky
1866–1944
Maler des Expressionismus und Lehrer am Bauhaus.

Die Debatten um Intermedialität (und auch Hybridität) machen verständlich, dass Materialien und Verfahrensweisen zwischen den Künsten wandern können. Sie verschenken allerdings die Einsicht, dass dadurch Literatur nicht Musik und Musik nicht Literatur wird. Um sowohl die Entgrenzungen als auch die Unterschiedenheit der Künste zu denken, werde ich für einen negativen Begriff [x] der einzelnen Künste argumentieren. Sie lassen sich gerade nicht positiv definieren, was aber nicht heißt, dass sie nicht unterschieden sind.

x
Negativer Begriff
Ich verstehe unter dem Gedanken einer negativen Bestimmung des Verhältnisses der Künste, dass sich die Künste zwar unterscheiden, sich dieser Unterschied aber nicht positiv (zum Beispiel in Form einer Definition des Films, der Literatur usf.) ausdrücken lässt.

Diese Diskussion, die dieses und das folgende Teilkapitel umspannen wird, gibt aber noch keine Antwort auf die Frage, wie es sein kann, dass Literatur musikalische Aspekte ausdrücken kann oder auch ein Plakat Klanglichkeit oder ein Sessel durch seine Form Musikalität. Dazu werde ich im letzten Teil dieses Kapitels in Nelson Goodmans [x] Symbolphilosophie einführen: Mit dem Begriff der metaphorischen Exemplifikation [x] hat sie meines Erachtens eine theoretische Kategorie geprägt, anhand deren sich auch solche Ausdrucksphänomene beschreiben lassen. Fälle der letzten Art sind für Fragen des Verhältnisses von Musik und Design besonders relevant, weil viele Spielarten des Designs schlichtweg nicht mit musikalischen Materialien im engeren Sinn arbeiten. Mein Grundgedanke lautet: So wie Literatur musikalische Eigenschaften metaphorisch exemplifizieren kann, so können Designgegenstände Aspekte der Energie des Jazz wie der Klanglichkeit bestimmter Instrumentierungen metaphorisch exemplifizieren – ohne selbst zu klingen oder improvisiert zu sein.

x
Nelson Goodman
1906–1998
Philosoph und zentraler Vertreter der Symbolphilosophie im 20. Jahrhundert.

x
Exemplifikation
Hierunter versteht Goodman den Fall, dass ein Kunstwerk metaphorisch Eigenschaften aufweist und qua Symbol eine Probe dieser Eigenschaften darstellt.

Lessings Unterscheidung in Raum- und Zeitkünste und Hegels Historisierung

Zu den zentralen Beiträgen im Kontext der Debatten um das System der Künste gehört Gotthold Ephraim Lessings Einteilung der Künste in Raum- und Zeitkünste. In seinem Text *Laokoon* teilt er die Künste in diese zwei Kategorien ein. Die Unterscheidung versteht er so, dass sie exklusiv ist: Etwas ist entweder eine Raumkunst oder eine Zeitkunst. Kriterium der Zuordnung zur einen oder anderen Kunst ist für Lessing, ob die Materialien einer Kunst selbst räumlich oder zeitlich sind. Das Material der Malerei ist so organisiert, dass es simultane Konstellationen im Raum darbietet und in einem Nebeneinander besteht. Das Material der Literatur hingegen ist so organisiert, dass es sukzessive Konstellationen von Worten darbietet und in einem Nacheinander besteht. Lessing schreibt entsprechend: „Die Zeitfolge ist das Gebiete des Dichters, so wie der Raum das Gebiete des Malers.“[89]

Lessings Vorschlag ist mit einer Reihe gravierender Einwände konfrontiert. So ist die Unterscheidung, wie Lessing sie zieht, phänomenologisch unplausibel. Angesichts der Farbfeldmalerei Barnett Newmans x ist nicht zu übersehen, dass es Malerei gibt, bei der Quantität in Qualität übergeht: Es gibt Gemälde, deren Pointe es ist, dass sie gerade nicht simultan zu überblicken sind, sodass ihre Wahrnehmung eine bestimmte Zeitlichkeit entwickelt. Umgekehrt hat auch die Literatur eine unübersehbar räumliche Seite, die etwa in der konkreten Poesie x im 20. Jahrhundert dann reflexiv thematisiert worden ist. In jedem Fall gilt: Ein ästhetischer Raum wird im Rahmen einer bestimmten Zeitlichkeit erfahren und eine ästhetische Zeitlichkeit entwickelt auch räumliche Qualitäten.

x
Barnett Newman
1905–1970
Amerikanischer bildender Künstler und einer der Hauptvertreter des abstrakten Expressionismus.

x
Konkrete Poesie
Eine in der ersten Hälfte des 20. Jahrhunderts entstandene Gattung der Literatur, in der neben semantischen Dimensionen typografische und räumliche Aspekte der Sprache zu den zentralen Parametern literarischen Schreibens werden.

Diese phänomenologischen Einwände sind aber nur von beschränkter Schlagkraft. Sie betonen, wenn überhaupt, die Tatsache, dass Literatur sich auch verräumlichen kann und dass Malerei sich auch verzeitlichen kann. Sie setzen eigentlich immer noch Lessings Unterscheidung voraus. Ein anderes Argument scheint mir schlagender zu sein und ich habe es bereits im ersten Kapitel des Buches vorgebracht: Materialien der Künste dürfen nicht als etwas Gegebenes verstanden werden. Sie sind vielmehr etwas, dessen Sinn erst in und durch die künstlerische Arbeit hervorgebracht wird. Das Problem von Lessings Vorschlag besteht darin, dass er die Ausdrucksmöglichkeiten künstlerischer Materialien so versteht, dass sie schon vor ihrer Erarbeitung durch das jeweilige Kunstwerk feststehen. Das ist eine problematische Auffassung. Ästhetische Materialien tragen in sich keine feststehenden Möglichkeitsräume, die den mit ihnen arbeitenden Künstler:innen einen Spielraum von Handlungsmöglichkeiten abstecken. Der Sinn dieser Materialien wird vielmehr erst in und durch die Arbeit der Künstler:innen entwickelt.

Eine wichtige Qualifikation ist hier vonnöten. Materialien in Kunst wie Design sind nichts, was sich einfach der Agenda von Künstler:innen und Designer:innen fügen würde. Sie artikulieren in der Arbeit mit ihnen durchaus ihre Widerständigkeit und lenken den Prozess der Hervorbringung eines Kunstwerks bzw. des Entwurfs eines Designgegenstands in bestimmte Richtungen. Ästhetische Materialien sind kurz gesagt nicht einfach dem Willen derjenigen, die mit ihnen arbeiten, unterworfen. Aber (und diesen Punkt verzeichnet Lessing in seinen Überlegungen): Auch solche widerständigen und unverfügbaren Momente sind in ihren konkreten Konturen nichts vorgängig Gegebenes; sie entstehen gleichursprünglich mit der Arbeit von Künstler:innen und Designer:innen selbst.

Was Lessing allerdings zu Recht betont, ist die Unterschiedenheit der Künste. Sie zu betonen heißt in bestimmter Weise, die Unverfügbarkeit und Widerständigkeit ästhetischen Produzierens einzuklagen. Denn zu sagen, die Künste seien einfach überholte begriffliche Rahmen, die man heute ad acta legen könnte, und darauf zu pochen, dass sich eine ästhetische Praxis aus allen Künsten das nimmt, was sie halt braucht, verpasst die Eigensinnigkeit und Eigenlogik dessen, woran hier gearbeitet wird. Es ist nichts anderes als eine Variante kapitalistischer Konsumkultur, die auf die Praxis des künstlerischen Produzierens übertragen wird: Der Künstler wird dann zu einem omnipotenten Macher. Am Begriff der Künste als kategorialer Einteilung von Kunstwerken festzuhalten kann also als Manöver verstanden werden, den Eigensinn des Ästhetischen zu verteidigen. Es darf aber nicht als Manöver verstanden werden, das ein vorgängig gegebenes Raster auf die einzelnen Kunstwerke legt.[90]

Georg Wilhelm Hegel hat gegenüber Lessings Vorschlag ein ausgearbeitetes System der Künste präsentiert, in dem die Musik einen besonderen Stellenwert einnimmt; ich hatte das im ersten Kapitel des Buches so beschrieben, dass wir im Nachvollzug der Musik für Hegel unsere wesentlichen innerlichen Bewegtheiten durchspielen. Zu dieser These kommt er deshalb, weil er die einzelnen Künste so versteht, dass sie mit spezifischen Ausdrucksmöglichkeiten einhergehen. Kurz gesagt kann die Architektur anderes ausdrücken als die Musik – und das deshalb, weil sie gemäß ihrer Materialien etwas anders ausdrückt.[91]

Im Gegensatz zu Lessing hat Hegel dabei ein weiter gehendes Argument für seine Einteilung in die Künste (er unterscheidet Architektur, Skulptur, Malerei, Musik und Literatur in Form der Prosa, der Dramatik und der Lyrik). Für Hegel gibt es eine gleichursprüngliche Pluralität der Künste, weil sie verschiedene Ausdruckspotenziale haben und damit (mit Ausnahme der Literatur, aber das braucht uns hier nicht zu interessieren) jede Kunst etwas kann, was die anderen Künste nicht können. Als Unterscheidungskriterium der Künste schlägt er dabei die Frage vor, inwieweit die jeweilige Kunst in der Lage ist, geistige Gehalte auszudrücken (wobei auch Hegel weiß, dass das Geistige der Kunst an die künstlerischen Materialien gebunden ist und bleibt). Die Künste sortieren sich damit auf einem Spektrum, das sich anhand der Frage aufspannt, inwieweit ihre jeweiligen Materialien in der Lage sind, Geistiges zu artikulieren. Einige Künste sind aufgrund ihrer Materialien nur unzureichend in der Lage, geistige Gehalte auszudrücken, andere sind dies in stärkerem Maße: Aus Hegels Perspektive operiert die Architektur noch mit schweren Materialien, für die vor allem ihr Lasten und ihre Schwere zentral ist, wohingegen in der Musik die Gegenständlichkeit zu einem inneren Erklingen aufgehoben ist.

Der Clou seines Systems der Künste ist dabei allerdings, dass er diese Ausdruckspotenziale als etwas genuin Historisches versteht. Musik gab es zu allen Zeiten in allen Kulturen, aber eine der Leitkünste wird sie nach Hegels Auffassung erst in der Moderne, und zwar genauer in der Zeit der Romantik. Erst hier ist das Subjekt so beschaffen, dass seine Bewegtheiten in der Musik ausgedrückt werden können (Hegel glaubt, dass unsere moderne Subjektivität, in der wir uns als frei verstehen und einen Wert an und für sich haben, eine kulturhistorische Errungenschaft ist und keine natürliche Ausstattung des Menschen). Erst mit den gesellschaftlichen Umbrüchen der Moderne konnte die Musik das entfalten, was sie aus seiner Perspektive als genuine Möglichkeit hat. Architektur gab es zu allen Zeiten, aber für Hegel ist sie eine frühe Leitkunst, weil ihr schweres Material die geistigen Orientierungen, die wir heute entwickelt haben, nicht länger ausdrücken kann.

So richtig es ist, dass Hegel die Historizität der Ausdrucksmöglichkeiten der Künste betont und so sehr dieser Punkt gegen Lessings statische Auffassung verteidigt werden muss: Hegel denkt die Historizität der Künste nicht konsequent genug. So ist es einfach ein verkürzter Blick auf die Architektur, ihre Materialien primär aus der Perspektive der Physik und Statik zu betrachten. Und es ist in Wahrheit ein (problematisches) Werturteil zur Relevanz und Signifikanz einer solchen Kunst, wenn Hegel davon ausgeht, dass es vor allem die vorgriechische Antike ist, in der die Architektur ihrer höchsten Bestimmung gerecht werden konnte. Er denkt, kurz gesagt, das künstlerische Material noch nicht konsequent genug als Produkt der künstlerischen Arbeit.

Das künstlerische Material ist, so habe ich im ersten Kapitel des Buches argumentiert, nichts in seinen Ausdrucksmöglichkeiten Gegebenes. Es ist etwas, das immer in und durch die künstlerische Arbeit vor dem Hintergrund vorangehender solcher Erarbeitungen hergestellt wird. Wenn das richtig ist, so können die Künste in ihren Materialien nicht länger so sauber auseinandergehalten werden, wie es die Theorien zu einem System der Künste gern hätten. Vor allem im 20. Jahrhundert haben sich deshalb unter dem Schlagwort der Intermedialität der Künste Positionen entwickelt,[92] die Austauschprozesse und den Zwischenraum zwischen den Künsten in den Blick nehmen.

Intermedialität

Als ein erster Schritt in Richtung einer Theorie der Künste, die die Künste nicht länger strikt voneinander isoliert, kann Wagners Konzept des Gesamtkunstwerks x gelten. Wagner ist nicht allein musikhistorisch bedeutsam, da er mit seinen Musikdramen in bestimmter Weise die Entwicklungen im 20. Jahrhundert präfiguriert hat; in *Tristan und Isolde* verselbstständigen sich etwa die symphonischen Bewegungen gegenüber dem Bühnengeschehen und dem Gesang in einer Weise, dass man sagen kann, sie werden nicht länger eine weitere Ebene, sondern sind ein Aspekt der Musik selbst. Vielmehr hat Wagner auch eine Reihe bedeutsamer musiktheoretischer Schriften vorgelegt. Für das Konzept des Gesamtkunstwerks sind seine Schriften *Das Kunstwerk der Zukunft* und *Oper und Drama* einschlägig.[93] Hier entwickelt er den Gedanken einer neuen Volkskunst als ästhetisch-politischer Bildung und orientiert sich dabei an der Antike, in der die Kunst in unproblematischer Weise ein grundsätzlicher Aspekt des Bildungsgeschehens der Bürger der attischen Demokratie war.[94]

x
Gesamtkunstwerk
Dieser Begriff bezeichnet den Fall, dass wir es mit einem Werk zu tun haben, das verschiedene Künste gleichberechtigt und aufeinander abgestimmt in sich vereint.

Wagner schlägt dabei im *Kunstwerk der Zukunft* vor, die einzelnen Künste nicht länger isoliert nebeneinander stehen zu lassen. Sein leitender Gedanke lautet, dass die Künste erst im Zusammenspiel ihre höchste Bestimmung erreichen. Architektur, Malerei, Schauspiel und Musik realisieren ihr volles Potenzial erst dann, wenn sie in einen Zusammenhang miteinander treten. Architektur, die für sich steht und für sich betrachtet wird, wird von Wagner damit als Schwundstufe des vollen Potenzials der Architektur verstanden; dieses erreicht sie tatsächlich erst dann, wenn sie einen Raum für das Musikdrama schafft. Schauspiel, das nicht mit Musik und spezifischen Räumlichkeiten verbunden ist, ist nicht in vollem Sinn Schauspiel. Überzeugend an diesen Überlegungen Wagners ist die These des qualitativen Wandels, der dadurch zustande kommt, dass Künste in einen Zusammenhang treten.

Die Theorie des Gesamtkunstwerks geht dabei zum einen davon aus, dass die Künste voneinander unterscheidbar bleiben; Musik im Musikdrama ist wie die Musik eines Streichquartetts weiterhin Musik und wird nicht auf einmal eine Untergattung der Malerei. Zum anderen geht sie davon aus, dass die Künste dennoch durch ihr Einspeisen in einen Zusammenhang mit anderen Künsten ihren Sinn verändern und sich dadurch qualitativ wandeln (und normativ: damit erst ihrer eigentlichen Bestimmung gerecht werden); auch wenn Musik im Musikdrama weiterhin Musik ist, so wird sie doch dadurch etwas anderes als die Musik des Streichquartetts, dass sie nun in bestimmten Räumen mit bestimmten Bühnenbildern und bestimmtem Schauspiel erklingt.

Gerade in der Art und Weise, wie Wagner in der Theorie diesen Zusammenhang denkt, sind seine Überlegungen allerdings problematisch. Denn im Gesamtkunstwerk sollen die einzelnen Künste in einer organischen Einheit zusammenspielen. Diese Idee der Einheit und Arbeitsteilung der Künste kann heute so nicht mehr bruchlos unterschrieben werden. Ebenso bleibt Wagner eine Begründung schuldig, warum die Künste in ihrer Isolation ästhetisch nicht ihre volle Bestimmung entfalteten. Warum sollte man die Vereinigung der Künste gegen Werke der jeweiligen Künste ausspielen müssen anstatt zu sagen, es gibt gelungene Werke auf beiden Seiten? Vor allem aber denkt Wagner die Künste trotz des Gedankens der Vereinigung in Wahrheit wie das System der Künste noch zu isoliert voneinander.

Das intermediale Modell lässt sich im Kontrast zur Konzeption des Gesamtkunstwerks gut anhand der Installation als Kunstform ausweisen.[95] Hier haben wir es mit disparaten und oft dispersiven Formen künstlerischen Ausdrucks zu tun, die nicht länger das Paradigma einer organischen Einheit zeitigen. In der Installation lassen sich die Materialien nicht mehr sauber einer Kunst zuordnen – ohne aber dem phantasmatischen Gedanken des Gesamtkunstwerks zu entsprechen. Die einzelnen Momente, die man nur abstrakt so beschreiben könnte, dass sie verschiedenen Künsten entstammen, gehen im Fall der Installation derart ineinander auf, dass sie zu Momenten einer Struktur werden, bei der nicht Künste unterschieden werden können, ohne aber die von Wagner gedachte Einheit zu bestätigen.

Vom Gesamtkunstwerk zur Entgrenzung der Künste

Vor der Entwicklung von Künsten wie der Installation x, aber auch der Performance x und partizipativen Aspekten x (die mit unterschiedlichsten Medien und Materialien operieren), hat bereits Theodor W. Adorno in seinem berühmten Aufsatz *Die Kunst und die Künste* Motive der Intermedialitätstheorie vorweggenommen. Die ersten Sätze dieses Textes sind es wert, hier ausführlicher zitiert zu werden: „In der jüngeren Entwicklung fließen die Grenzen zwischen den Kunstgattungen in einander oder, genauer: ihre Demarkationslinien verfransen sich. Musikalische Techniken wurden offensichtlich von malerischen wie der sogenannten informellen, aber auch der Konstruktion des Mondrianschen Typus angeregt. Zur Grafik neigt viele Musik in ihrer Notation. Diese wird dabei nicht nur autonomen grafischen Gestalten ähnlich, sondern ihr grafisches Wesen nimmt gegenüber dem Komponieren einige Selbstständigkeit an [...]. Spezifisch musikalische Techniken wie die serielle haben als Konstruktionsprinzipien die moderne Prosa beeinflußt [...]. Malerei dafür möchte nicht länger auf der Fläche sich bescheiden. Während sie der Illusion von Raumperspektive sich entschlagen hat, treibt es sie selber in den Raum.“[96]

Charakteristisch für das Zitat ist nicht allein, dass Adorno hier wie zumeist in den von ihm verfassten Arbeiten seine Überlegungen immer auch von der Musik aus vornimmt. Vielmehr ist charakteristisch, dass er das Verhältnis der Künste gerade nicht wie Wagner so denkt, dass sie spannungslos zu einem harmonischen Ganzen zusammengehen. Dabei ist auch sein Text von dem Interesse geprägt,

x
Installation
Wird seit den 1970er-Jahren als eigenständige Kunstgattung verstanden. Ihre Werke sind zumeist räumliche Anordnungen, die anders als etwa Skulpturen eine Vielzahl von durchaus disparaten Medien und Materialien in einer einzigen Arbeit integrieren.

x
Performance
Wird spätestens seit den 1970er-Jahren als eigenständige Kunstgattung betrachtet. Ihre Arbeiten radikalisieren den flüchtigen Charakter aller Aufführungen in den darstellenden Künsten, indem sie oftmals unwiederholbare einzelne raumzeitliche Ereignisse von mitunter unbestimmter Dauer sind. Charakteristisch für die meisten Performances ist, dass sie sich reflexiv zu der Spannung von Wiederholbarkeit und Unwiederholbarkeit und auch der Frage des Anfangs und Endes der Arbeit verhalten.

x
Partizipation
Kann als Aspekt jüngerer Entwicklungen in verschiedenen Künsten begriffen werden, der die Einbeziehung der Betrachter in die Arbeit meint bis hin zu einer Auflösung der Dichotomie von Künstler und Zuschauer.

das Zusammenspiel der Künste zu beleuchten. Allerdings handelt es sich bei seiner Analyse weniger um eine normative Setzung wie bei Wagner (die besagt, was das Werk im Idealfall zu sein hat), sondern vielmehr um eine Diagnose zu jüngeren Entwicklungen der Künste. Er sieht hier überall unscharfe Grenzen und das Eindringen von scheinbar kunstfremden Materialien und Medien in diese. Das lässt sich so beschreiben, dass die Künste sich an ihren Grenzen derart aneinander abarbeiten, dass Verfahrensweisen und Materialien der Künste ineinander übergehen – ohne dass damit die Differenz der Künste verloren gehen würde. Die musikalische Notation verselbstständigt sich zumindest in bestimmten Spielarten der grafischen Notation und ist nicht mehr ein potenziell unsichtbares Moment der Produktion von Musik. Damit dringen Materialien, die zunächst einmal grafischer Kunst zugehörig zu sein scheinen oder sogar dem Design, in die Musik ein. Genauer gesagt wird das Material des Notentextes jetzt in einer Hinsicht gestaltet, dass Prinzipien des Grafischen Eingang in es finden. Adorno entwickelt damit den überzeugenden Gedanken, dass es zum einen Austauschprozesse zwischen den Künsten gibt, dass zum anderen aber die Unterschiedenheit der Künste dadurch nicht aufgelöst wird.

Als Problem erweist sich gleichwohl Adornos topologische Unterscheidung zwischen Zentrum und Peripherie: Spricht man von Verfransung an den Rändern, so sind intermediale Phänomene solche, die sich eben nur an den Grenzen, nicht jedoch im Herzen der jeweiligen Künste finden lassen. Das ist nicht überzeugend. Hier lässt sich die Position Lessings verteidigen, zumindest dann, wenn man sie gegen den Strich liest. Lessing versteht nicht allein die Literatur als paradigmatische Zeitkunst, sondern erläutert sie anhand eines Materials, das zunächst einmal gerade kein genuines Material der Literatur zu sein scheint: der Ton. Ton ist das Material aller Zeitkünste und somit der Literatur wie der Musik. An dieser These ist natürlich problematisch, dass die Literatur hier letztlich primär nach ihrer phonetischen und nicht ihrer semantischen Seite erläutert wird (der ästhetische Witz der Literatur ist aber oftmals einer der Prägnanz der Beschreibungen und des Stils, was keineswegs primär auf der Ebene phonetischer Eigenarten zu begreifen ist). An ihr ist aber durchaus aufschlussreich, dass Lessing damit ein Phänomen zum Zentrum der Literatur erklärt, das scheinbar die Peripherie bildet.

Man muss diese These in ihrer Überspitztheit gar nicht mitmachen, um zu sehen, dass etwas an diesem Gedanken dran ist: Künstlerische Verfahrensweisen der Erarbeitung von Materialien sind nicht an eine bestimmte Kunst gebunden, sondern können zwischen den Künsten migrieren (wobei sowohl der Sinn des Verfahrens in seinem Ausgangspunkt wie auch der Sinn des Verfahrens in der Kunst, in die es migriert, verändert wird). Verfahren der Bildkomposition werden im Film aufgegriffen (und das nicht allein im Rahmen einer handgreiflichen Auseinandersetzung mit dem Medium der Malerei wie etwa in Wong Kar Wais [x] *In the Mood for Love*). Literatur wird im Rahmen von Verfahrensweisen erarbeitet, die auch in der Musik anzutreffen sind – sei es, dass in einem Gedicht die klanglichen Aspekte der Sprache und nicht ihre semantischen gleichberechtigt oder sogar dominant werden, sei es, dass wie zum Beispiel in den Romanen Thomas Bernhardts [x] das sprachliche Material in einer Weise bearbeitet wird, die mit ihren Wiederholungen, Variationen und Verschiebungen an der Entwicklung musikalischer Themen orientiert ist. Verfahrensweisen, die mit dokumen-tarischen Materialien arbeiten, sind nicht allein in der Fotografie anzutreffen, sondern bilden ein integratives Moment der Arbeiten der Atlas Group [x].

Adorno an dieser Stelle konsequent weiterzudenken heißt zweierlei: einerseits die Austauschprozesse zwischen den Künsten so zu verstehen, dass sie nicht allein an der Peripherie der Künste angesiedelt sind. Andererseits heißt es, auf die Unterschiedenheit der Künste zu pochen. Wie geht beides zusammen?

x
Wong Kar Wai
***1958**
Regisseur aus Hongkong.

x
Thomas Bernhardt
1931–1989
Schriftsteller, der in verwandelter Form musikalische Prinzipien in der Literatur aufgegriffen hat.

x
Atlas Group
Vor allem mit Walid Raad (*1967) verbundenes Kunstprojekt, das in kalkulierter Weise mit dem unklaren Status dokumentarischer Formen arbeitet.

Das geht es wie folgt: Musik ist von Malerei zu unterscheiden. Eine solche Unterscheidung ist aber nicht allein historisch (Lessings seltsame Vereinigung von Literatur und Musik unter den Zeitkünsten ist auch Ausdruck eines anderen Verständnisses der Einteilung der Künste als unser heutiges). So sind Künste wie die Installation, aber auch die Konzeptkunst, obzwar ursprünglich potenziell durchaus als Mischformen wahrgenommen oder eben durch Setzung als neue Künste etabliert, heute keine Mischformen bestehender Künste, sondern selbst eigenständige Kunstformen.[97] Solche Unterscheidungen sind derart in Bewegung, dass in und durch jedes Werk der Musik wie in und durch jedes Werk der Malerei immer wieder neu herausgearbeitet wird, was diese Kunst überhaupt ist – und wie sie sich zu anderen Künsten positioniert. Kurz gesagt: Nur wenn man einen ebenso konservativen wie rigiden Eifer an den Tag legt, kann man jüngere Entwicklungen der Neuen Musik aus der Musik ausschließen. Denn das, was es heißt, dass etwas Musik ist und was es heißt, dass etwas Malerei ist, steht nicht schon fest, bevor die Werke der Musik und die Werke der Malerei das jeweils erarbeitet haben. Ich möchte damit für einen negativen Begriff der einzelnen Künste plädieren. Das ist so gemeint, dass die einzelnen Künste nicht positiv definiert werden können, weil sie gar nichts anderes sind als das, was in den jeweiligen Werken aus diesen und durch diese geworden ist und werden wird. Jedes kraftvolle musikalische Werk, jede kraftvolle Improvisation und jedes bedeutsame Album bestimmen die Grenzen dessen, was Musik ist, neu und dadurch auch die Grenzen zu den anderen Künsten.

An dem scheinbar anachronistischen Begriff der Künste festzuhalten, so möchte ich mit Adorno diese Überlegung schließen, heißt Folgendes. Wie auch immer prozessual man die Künste reformuliert: An ihnen festzuhalten dient dem Zweck, einer falschen Gleichmacherei im Ästhetischen zu widersprechen. Wenn der Gedanke verabschiedet wird, dass im eigenen künstlerischen Produzieren etwas anderes im Hintergrund steht, das gerade nicht produziert werden kann, so läuft das letztlich auf folgende problematische These hinaus: Alles wäre gleich, und zwar gleich gut wie alles andere. Der Begriff der Künste hält hingegen den Blick offen für das, was in jedem Werk noch nicht realisiert ist und über das wir nicht positiv verfügen können.

Man kann nun sagen, dass eine solche (negative) Dialektik [x] auch das Verhältnis von Musik (in ihren freien Spielarten) und das Verhältnis angewandter Künste wie dem Design betrifft. Aber damit ist noch nicht genug zu folgender Frage gesagt: Wie kann es sein, dass wir Kleidungsstücke, Plakate und sogar die Materialien oder Elemente von Küchen manchmal auch in musikalischen Begriffen beschreiben? Was könnte es heißen, dass Plakate für Musik manchmal selbst einen bestimmten (visuellen) Sound haben? Was kann es heißen, dass ein Tisch einen bestimmten musikalischen Rhythmus aufgrund der Strukturierung seines Materials ausdrückt? Dazu möchte ich im letzten und abschließenden Abschnitt des Buches etwas sagen. Ich werde das Kapitel mit den Überlegungen Wassily Kandinskys eröffnen, die auf Phänomene hinweisen, die in der bisherigen Diskussion noch nicht angemessen berücksichtigt worden sind (in ihr ging es um Materialien und um die Migration von Verfahrensweisen). Daraufhin werde ich die Position des amerikanischen Philosophen Nelson Goodman als Position vorstellen, die uns eben genannte Rede- und Betrachtungsweisen verständlich machen kann.

x
Dialektik
bedeutet in der Tradition Hegels, die interne Widersprüchlichkeit von Theorien derart zu denken, dass aus ihrer Entfaltung zu einer neuen, höherstufigen Theorie vorgestoßen werden kann. Adornos negative Dialektik hat diesen Gedanken dann so weiterentwickelt, dass in diesen dialektischen Bewegungen etwas auftaucht, was nicht positiv auf den Begriff gebracht werden kann und sich als etwas zeigt, was der dialektischen Bewegung zuwiderläuft.

Exemplifikation

Die just vorgenommene Analyse galt der These, dass Musik von anderen Künsten zu unterscheiden sei, dass dies aber nicht so verstanden werden darf, dass sie ein festes Ausdrucksspektrum, gesicherte Materialien und unhintergehbare Verfahrensweisen hätte. Ihre Identität ist im Licht des Gesagten in Bewegung und nicht im Sinn einer klassischen Definition definierbar. Vielmehr steht sie in beständigem Austausch mit anderen Künsten, ohne wohlgemerkt dadurch ihre Identität als Musik zu verlieren. Literatur kehrt in der Musik wieder – aber eben als Verfahrensweisen und Material, die von der Musik aufgegriffen und transformiert worden sind. Der Film kehrt in der Musik wieder – aber eben wiederum nicht als Film, sondern im Medium der Musik selbst. Das war der Leitgedanke auf den Spuren einer (negativen) Dialektik der Künste mit Adorno. Nun soll es abschließend nicht länger um die Frage des Austauschs der Künste untereinander gehen, sondern um die Frage, wie sich unsere musikalischen Beschreibungen von Designgegenständen verständlich machen lassen.

Um es klar zu sagen: Solche Beschreibungen sind nicht der Kern unseres Sprechens über Designgegenstände. Sie sind aber auch nicht einfach ein verzichtbares Ornament. Wenn man sagt, dass ein Plakat einen bestimmten Rhythmus hat und den Begriff des Rhythmus dabei durchaus musikalisch versteht, so kann eine solche Beschreibung etwas an diesem Plakat verständlich machen. Sie ist eine interpretative Hinsicht auf die Gestaltung des Plakats. Solche im weitesten Sinne metaphorischen Beschreibungen (schließlich hat das Plakat ja nicht selbst eine klangliche rhythmische Struktur) sind keineswegs ungenauer als wörtliche Beschreibungen; um eine Redewendung von Arthur C. Danto [x] abzuwandeln: Solche Beschreibungen sind die „Währungen der [Design]welt".[98] Sie zu vernachlässigen oder als bloße Projektion auf Designgegenstände (oder schlimmer noch: als bloß subjektive Reaktionen auf sie) zu diffamieren, würde vieles von dem, was an diesen Gegenständen bestechend sein kann, ausmerzen.

x
Arthur C. Danto
1924–2013
amerikanischer Philosoph und Kunstkritiker.

Wie ist also unser entsprechender Sprachgebrauch zu beschreiben? Wassily Kandinsky hat hierzu in seiner Schrift *Über das Geistige in der Kunst* Überlegungen angestellt.[99] Insgesamt entwickelt er hier eine Position, die sich als synästhetische Position beschreiben lässt. Synästhesie [x] meint eine Zuordnung sinnlicher Assoziationen zu sinnlichen Reizen, die mit diesen scheinbar nichts zu tun haben:

x
Synästhesie
Synästhesie bezeichnet den Fall, dass eine bestimmte Sinnesmodalität zugleich durch Aspekte erfahren wird, die einer anderen Sinnesmodalität zugehörig sind. Zum Beispiel bei einem bestimmten Geräusch zugleich Farben sehen, bei einer haptischen Erfahrung zugleich einen Klang hören.

Der Buchstabe A wird als rot empfunden, ein bestimmtes Gelb ist mit einem bestimmten Geruch assoziiert. Synästhesie tritt bei einigen Menschen aufgrund einer andersartigen neuronalen Verarbeitung ganz buchstäblich auf (sie hören etwas bei einem bestimmten Geruch), lässt sich aber von diesen neurophysiologischen Grundlagen abgesehen auch als Aspekt vieler Arten von Symbolisation und als Verfahren der Künste beschreiben. Mit Rot kann Liebe gemeint sein und mit Blau Wasser. Während es im letzteren Fall noch verständlich ist, die Farbgebung über die Analogie einer visuellen Eigenart des Wassers zu erläutern (auch wenn das Blau des Wassers sicher nicht identisch ist mit dem Blau seiner Symbolisation), so ist das im ersten Fall nicht mehr möglich: Was sollte es heißen, dass Liebe selbst rot wäre, wo doch Liebe kein raumzeitliches Einzelding mit einer bestimmten Farbigkeit ist (die metonymische Übertragung, dass das Rot der Liebe das Rot unseres Blutes oder unseres Herzens sei oder das Rot eines intensiv flackernden Feuers, verschiebt das Problem nur und beantwortet es nicht)?

Kandinsky arbeitet zu Recht heraus, dass die sinnlichen Materialien von Künsten mit sinnlichen Assoziationen getränkt sein können, die zunächst einmal wenig mit dem Material zu tun zu haben scheinen. Seine eigenen Bilder sind Zeugnis einer Praxis der Malerei, die intensive musikalische Assoziationen, sowohl was klangliche Aspekte, als auch was rhythmische und strukturelle Aspekte betrifft, wecken. Das Problem ist gleichwohl, dass er ein zu rigides Verständnis des Zusammenhangs sinnlicher Qualitäten zu solchen weiter gehenden sinnlichen Assoziationen hat. Nicht allein geben seine Überlegungen keine schlüssige Begründung der Tatsache dieser engen Verbindung bestimmter Qualitäten. Sie geben letztlich gar keine systematische Begründung der behaupteten Assoziationen. Das ist auch so, weil sie letztlich zu wenig auf die künstlerischen Materialien selbst bezogen werden.

Nelson Goodmans Symbolphilosophie

Die Arbeiten des amerikanischen Kunstphilosophen Nelson Goodman können so gelesen werden, dass sie die Phänomene, die Kandinsky im Blick hat, weiter gehend erörtern. Das nimmt Goodman im Rahmen der Formulierung einer allgemeinen Symboltheorie in Angriff. An dieser Stelle müssen uns die technischen Details seiner Theorie nicht interessieren; es ist aber notwendig, zumindest einige Unterscheidungen einzuführen, um verständlich zu machen, wie Goodman das entsprechende Ausdruckspotenzial der Künste erläutert.[100] Goodmans Überlegungen haben dabei in folgendem Sinn einen designaffinen Zug: [101] Er ist nicht der Auffassung, dass sich Kunst von anderen Praktiken sauber trennen lässt, und stellt sie sogar in eine überraschende Nähe zur Wissenschaft. Anstatt einer Definition der Kunst schlägt er eine Liste mit Symptomen des Ästhetischen vor (die sich damit prinzipiell auch für das Design fruchtbar machen lässt).[102] Von Symptomen zu sprechen heißt nicht, Kriterien zu nennen, die vorliegen müssen, damit etwas zu einer bestimmten Klasse von Dingen gehört. Symptome einer Krankheit mögen vielleicht Schwitzen, Schwindel und eine erhöhte Körpertemperatur sein. Wenn keines dieser Symptome vorliegt, liegt sehr wahrscheinlich auch die Krankheit nicht vor – wenn die Krankheit aber vorliegt, heißt das nicht, dass alle Symptome vorliegen müssten.

Unter den Symptomen des Ästhetischen führt Goodman die Exemplifikation auf – und hierbei handelt es sich um die Symbolfunktion, die meines Erachtens entsprechende Redeweisen und Assoziationen zwischen Design und Musik verständlich machen kann. Von der Exemplifikation unterscheidet Goodman die Denotation; erstere kann als symboltheoretische Erläuterung des Ausdrucks verstanden werden, letztere als symboltheoretische Erläuterung der Darstellung. Zeigt ein Plakat, ein Gemälde, eine Fotografie oder eine Skizze eine Person, so handelt es sich dabei um eine Darstellung. Das entsprechende Plakat usf. bezieht sich damit auf die entsprechende Person. Goodmans ebenso kontroverse wie überzeugende These lautet, dass eine solche Bezugnahme nichts mit Ähnlichkeit zu tun hat.[103] Wenn es so wäre, dass eine Fotografie oder eine Skizze der Person, die sie darstellt, ähnlich sein müsste, um sie darzustellen, so müsste auch die Person der Fotografie oder Skizze ähnlich sein (Ähnlichkeit ist nämlich eine symmetrische Relation; A ähnelt B insofern, insofern B A ähnelt). Zudem kann Ähnlichkeit selbst Darstellung gar nicht aufklären (wenn ich zwei Exemplare von *Pito* von Alessi besitze, so besitze ich zwei Dinge, die sich ähnlich sind, von denen aber das eine das andere nicht repräsentiert). Goodman macht entsprechend geltend, dass „fast alles für fast alles andere stehen" kann;[104] es bereitet uns nicht größeres Kopfzerbrechen zu verstehen, dass die Anordnung von Bierdeckeln in einer Kneipe dazu dienen kann, jemandem die Sitzordnung bei einer Hochzeit zu veranschaulichen und dabei jeder dieser Bierdeckel einen bestimmten Gast darstellt.

Zwei Komplexierungen sind hier noch anzumerken. Erste Komplexierung: In dem Fall, in dem wir es mit einem Gemälde oder einer Skizze zu tun haben, die eine Person oder ein Wesen zeigt, das gar nicht existiert, haben wir es mit einer Nulldenotation zu tun. Sherlock Holmes gibt es nicht, und so kann sich ein Sherlock-Holmes-Bild auch nicht auf Sherlock Holmes beziehen. Goodman schlägt deshalb vor, ein solches Bild nicht unter Rückgriff auf das, worauf es sich bezieht, zu erläutern, sondern als Bild einer bestimmten Klasse zu behandeln – als Bild der Klasse von Sherlock-Holmes-Bildern. Der Unterschied zwischen einem Bild, das Sherlock Holmes zeigt, und einem Bild, das einen fünfköpfigen Drachen zeigt, liegt also nicht in der Denotation [x] (beide haben eine Nulldenotation). Es liegt vielmehr darin, dass es sich bei ersterem Bild um ein Mitglied der Klasse von Sherlock-Holmes-Bildern handelt und im zweiten um ein Bild der Klasse von Fünfköpfige-Drachen-Bildern.

x
Denotation
Hierunter versteht Goodman die Symbolfunktion der Bezugnahme: Ein Gemälde denotiert eine Person, insofern es sich auf sie bezieht.

Zweite Komplexierung: Es ist offensichtlich, dass auch Bilder, die existierende Personen darstellen, Klassen von Bildern zugehören. Ein Porträt von Mahatma Gandhi ist zugleich ein Mann-Bild, wie ein Sherlock-Holmes-Bild sowohl ein Mann-Bild, als auch ein Detektiv-Bild ist. Es gibt nun eine Reihe von Bildern, die sich auf etwas beziehen und es zugleich in bestimmter Weise zeigen, indem sie einer Klasse von Bildern zugehören. Man kann hier an ein Bild denken, dass Napoleon zeigt, aber zugleich ein Kind-Bild ist, ohne dass es den Napoleon als Kind zeigen würde. In diesem Fall haben wir es in Goodmans Worten mit einem Fall der Repräsentation-als zu tun: Ein Bild, das den erwachsenen Napoleon als Kind zeigt (und damit vielleicht als Karikatur auf die Infantilität seiner militärischen Anstrengungen verweist). Hierbei handelt es sich um ein Kind-Bild, das Napoleon denotiert.

Von der Denotation unterscheidet Goodman die Exemplifikation; sie soll als die symboltheoretische Reformulierung der Kategorie des Ausdrucks gelten. Sein Lieblingsbeispiel ist das Stoffmuster im Musterbuch eines Schneiders.[105] Das Stück Stoff hat unendlich viele Eigenschaften. Viele Eigenschaften sind manifeste Eigenschaften wie etwa Gewicht, Größe und Textur. Andere Eigenschaften sind relationale Eigenschaften wie etwa die Eigenschaft, in einer bestimmten Textilfabrik hergestellt worden zu sein oder die Eigenschaft, sich bereits zwei Jahre in dem Musterbuch zu befinden. Insofern das Stück Stoff aber ein Symbol im Musterbuch des Schneiders wird, zählen nicht mehr alle seine Eigenschaften, sondern nur noch einige, die der vorliegende praktische Kontext herausgreift. Wenn ich vom Schneider meinen Anzug in der Größe des Stoffmusters bekommen würde oder aus einem ganz anderen Stoff, der aber aus derselben Textilfabrik stammt, wäre ich wohl zu Recht überrascht und wahrscheinlich auch verärgert. Relevant sind im vorliegenden Kontext hingegen Textur, Farbe usf.

Vom Fall denotativer Bezugnahmen unterscheidet das Beispiel des Stoffmusters, dass das Stoffmuster eine Probe ist (ein Gemälde von Napoleon ist keine Probe von Napoleon, sondern eine Darstellung Napoleons). Damit etwas eine Probe sein kann, muss zweierlei gegeben sein. Erstens muss das Muster die für seine Rolle als Muster relevanten Eigenschaften haben. Zweitens muss es auf entsprechende Eigenschaften verweisen. Besitz einer Eigenschaft reicht ebenso wenig wie Bezugnahme auf eine Eigenschaft aus: Damit wir es mit einer Probe (d.i. Exemplifikation) zu tun haben, muss etwas Eigenschaften haben und qua Symbol auf diese Eigenschaften im vorliegenden Kontext verweisen.

Der Unterschied zwischen Denotation und Exemplifikation lässt sich anhand des Satzes „Diese Stoffprobe ist rot“ und der roten Stoffprobe selbst noch einmal pointiert verdeutlichen. Der Satz nimmt auf die Stoffprobe Bezug, ohne selbst die Eigenschaft aufzuweisen, auf die er Bezug nimmt (das wäre selbst dann der Fall, wenn er in roten Buchstaben geschrieben wäre). Die Stoffprobe hingegen hat bestimmte Eigenschaften, auf die qua Probe Bezug genommen wird. Goodmans Überlegungen können damit plausibel machen, dass noch Werke der monochromen Malerei letztlich symbolische Eigenarten haben – sie zeigen gewissermaßen ihre eigene Farbigkeit vor und das ist es, worum es hier in Goodmans Augen geht.

Metaphorische Exemplifikation

Der relevante Fall für die infrage stehenden Assoziationen zwischen Musik und Design ist der Fall der metaphorischen Exemplifikation. Hierzu kann man noch einmal auf die bereits im zweiten Abschnitt des ersten Kapitels des Buches diskutierte Frage zurückkommen, inwieweit Musik in der Lage ist, Emotionen auszudrücken. Denn dabei handelt es sich aus Goodmans Perspektive um einen mustergültigen Fall metaphorischer Exemplifikation. Der Grundgedanke Goodmans besagt Folgendes: Gegenstände haben nicht allein buchstäbliche Eigenschaften, sondern auch figurative Eigenschaften. Eine getragene Melodie kann Traurigkeit ausdrücken, obwohl sie selbst keineswegs traurig und auch kein Lebewesen ist. Der Clou von Goodmans Überlegungen ist, dass metaphorische Eigenschaften nicht weniger wirklich sind als buchstäbliche Eigenschaften; figurativer Besitz ist nicht weniger real als buchstäblicher Besitz. Das wird daraus ersichtlich, dass man Gegenständen die falschen metaphorischen Eigenschaften zuschreiben kann. Eine traurige Melodie ist traurig, und wer behauptet, sie sei fröhlich, der täuscht sich in vergleichbarer Weise wie jemand, der von einem roten Gemälde behauptet, es sei blau. Metaphorischer Besitz ist nicht buchstäblicher Besitz, aber es ist nichtsdestotrotz Besitz.

Bei Goodman steht hier also eine Metapherntheorie im Hintergrund, die den kreativen und schöpferischen Charakter von Metaphern ebenso hervorhebt wie den Gedanken, dass Metaphern etwas an Gegenständen entdecken können und nicht bloß subjektive Projektionen sind. Eine Metapher erläutert er als „Eine Affäre zwischen einem Prädikat mit Vergangenheit und einem Gegenstand, der sich unter Protest hingibt."[106] Ein Ausdruck ist nicht einfach so eine Metapher, sondern ein Ausdruck wird metaphorisch verwendet, indem ihm eine Verwendung für einen Bereich gegeben wird, die neuartig ist, aber nicht falsch. Deshalb können Metaphern auch absterben und Teil unseres normalen Sprachgebrauchs werden; noch der Begriff „Begriff" ist mit seiner ursprünglich haptischen Konnotation ein Beispiel dafür.

Eine derart ungewöhnliche Verwendung eines in Gebrauch befindlichen Begriffs kann darin bestehen, dass Grafiken in musikalischen Begriffen beschrieben werden oder dass Musik in Begriffen der Malerei beschrieben wird. In bestimmter Weise zeigen uns kraftvolle Metaphern damit etwas an den Gegenständen, was wir ohne sie nicht sehen können, indem sie zwei scheinbar disparate Bereiche (Musik und Grafik im ersten Beispiel) überblenden und in eine überraschende Nähe rücken. Die Bildung einer Metapher, die damit eben nicht auf einer „Fehlzuweisung [...] beruht", sondern „auf einer Neuzuweisung",[107] bringt zwei scheinbar getrennte Sphären in produktiver wie ungewöhnlicher Weise in einen Austausch. Der Witz von Goodmans Überlegungen zur metaphorischen Exemplifikation besteht darin, dass Metaphern eben nicht nur eine verbalsprachliche Sache sein können, sondern auch visuell, auditiv und prinzipiell auch gustatorisch und haptisch sein können.

Was ist für die Frage unsers Sprechens über Designgegenstände mit Goodmans durchaus technischer Erläuterung des Ausdrucks als metaphorischer Exemplifikation gewonnen? Es ist damit die Einsicht gewonnen, es ist möglich, dass Plakate, Küchen, Textilien usf. metaphorisch musikalische Eigenschaften exemplifizieren können. Entdeckt man rhythmische Qualitäten wie klangliche Assoziationen in einem Plakat, heißt das eben nicht, dass man etwas auf eine in Wahrheit bloß dreidimensionale visuelle Flächigkeit projiziert. Vielmehr entdeckt man, wenn Beschreibung und Wahrnehmung treffend sind, durchaus etwas an dem entsprechenden Plakat.

Das, was Designgegenstände ausdrücken und andeuten können, ist viel weiter als das, was handgreiflich in ihren Materialien steckt. Sosehr die Materialien von Designgegenständen und Musik unterschieden sein mögen und sosehr Gegenstände der beiden Bereiche in ihren Rollen und Funktionen vielleicht auch divergieren: Unter symbolphilosophischer Perspektive ist es so, dass nichts dagegenspricht, dass Designgegenstände nicht allein fähig sind, Gegenstände darzustellen, die mit Musik verbunden sind, sondern auch Eigenarten derMusik selbst ausdrücken können. Ein Plakat über Jazz kann nicht allein Jazzmusiker:innen beim gemeinsamen Spiel zeigen (oder zum Beispiel die Trompete von Miles Davis im Sinn einer Synekdoche x). Ein Plakat über Jazz kann auch nicht allein im Rahmen handgreiflich improvisatorischer Verfahrensweisen hergestellt worden sein – und diese Herstellung selbst exemplifizieren und dadurch ausdrücken, dass es in der Herstellung Verfahrensweisen aus der Musik aufgegriffen hat. Ein Plakat kann vielmehr durch seine Farbgebung, durch seine Choreografie von Elementen wie durch Eigenarten seiner Typografie auch rhythmische, klangliche oder harmonische Eigenarten der entsprechenden Musik ausdrücken.

x
Synekdoche
Stilmittel, bei dem ein Teil des Ganzen für das Ganze steht (Pars pro toto) oder ein Ganzes für einen Teil (Totum pro parte).

Ein Ausblick

Musik und Design stehen in einer entfernten Nähe. Entfernt ist diese Nähe, weil ihre Materialien wie Funktionen in weiten Teilen deutlich unterschieden sind. Dennoch handelt es sich um eine Nähe, weil es sich bei Musik wie bei Design um ästhetische Gegenstände handelt. Und spezifischer ist es Designgegenständen (in Begriffen des zuletzt entwickelten Vokabulars Nelson Goodmans gesagt) möglich, metaphorisch musikalische Eigenschaften zu exemplifizieren. Unsere Beschreibungen einiger Designgegenstände in solchen Begriffen, die offensichtlich der Musik entlehnt sind, ist kein Kategorienfehler. Vielmehr artikulieren sie tatsächliche Eigenschaften der entsprechenden Gegenstände.

Designgegenstände kann man nicht beurteilen, indem man abstrakt über Funktionen und Formen nachdenkt, sondern nur, indem man in ihrem Gebrauch ihren ästhetischen Eigenarten nachspürt. Musik kann man genauso wenig beurteilen, indem man sich abstrakt mit der Geschichte der Harmonielehre beschäftigt (soviel man in bestimmten Hinsichten durchaus davon lernen mag), sondern nur, indem man sich hörend und denkend in die entsprechende Musik vertieft. In der das Buch beschließenden Diskografie finden sich Anregungen dafür, die in diesem Buch entwickelte Auseinandersetzung mit Musik auch hörend am Material nachzuvollziehen. Sie möchte weder ein „Kanon" sein noch bildet sie jüngste Entwicklungen in den verschiedenen Traditionen der Musik ab. Sie ist als historisch informierte wie historisch gegliederte Hörempfehlung gedacht (und nennt im Kontext der europäischen Kunstmusik jeweils eine paradigmatische Einspielung). Abschließend finden sich zudem einige Lektüreempfehlungen zur Musikphilosophie und Musiktheorie, die ich jeweils mit einem Satz kommentiert habe und die zu einer Vertiefung der in diesem Buch diskutierten Fragen geeignet sind.

Endnoten

Einleitung

1
Hilary Putnam, **Vernunft, Wahrheit und Geschichte**, Frankfurt / M. 1990, S. 94.

2
Immanuel Kant, **Kritik der Urteilskraft**, Frankfurt / M. 1974, § 46.

3
Vgl. ausführlicher zur philosophischen Perspektive auf das Design dabei Florian Arnold, **Philosophie für Designer (Bibliothek für Designer)**, Stuttgart 2016.

4
Vgl. als Plädoyer für eine solche interdisziplinäre Arbeit auch Richard Klein, **Musikphilosophie zur Einführung**, Hamburg 2014, Einleitung.

5
Vgl. zur Kritik eines solchen Verständnisses der Methode Georg W. F. Hegel, **Phänomenologie des Geistes**, Frankfurt / M. 1986, Einleitung.

Was ist Musik?

6
Vgl. dazu ausführlicher Jürgen Meyer, **Akustik und musikalische Aufführungspraxis**, Frankfurt / M. 1972, v. a. Kapitel 1 und Kapitel 3.

7
Matthias Vogel spricht hier (in Anlehnung an Roger Scruton) von tertiären und quartären Eigenschaften der Musik. Vgl. Matthias Vogel, **Nachvollzug und die Erfahrung musikalischen Sinns**, in: Alexander Becker / Matthias Vogel, **Musikalischer Sinn. Beiträge zu einer Philosophie der Musik**, Frankfurt / M. 2007, S. 314–368, hier: S. 319 f.

8
Vgl. dazu Jasper Liptow, **Philosophie des Geistes zur Einführung**, Hamburg 2013, v. a. Kapitel 7 und 8.

9
Vgl. Karlheinz Stockhausen, **... wie die Zeit vergeht**, in: Karlheinz Stockhausen, **Texte zur elektronischen und instrumentalen Musik**, Köln 1963, S. 99–139.

10
Vgl. analog zu dieser Überlegung Robert B. Brandom, **Articulating Reason. An Introduction to Inferentialism**, Cambridge/Mass., London 2000, S. 47 f.

11
Vgl. zur romantischen Musikästhetik Ulrich Tadday, **Das schöne Unendliche. Ästhetik, Kritik, Geschichte der romantischen Musikästhetik**, Stuttgart 1999.

12
Eine Skizze verschiedener Theorien des musikalischen Ausdrucks von Emotionen geben Peter Rinderle, **Die Expressivität von Musik (Kunstphilosophie)**, Münster 2011 und Stefan Zwinggi, **Musik als affektive Selbstverständigung. Eine integrative Untersuchung über musikalische Expressivität**, Freiburg 2016.

13
Eine der wenigen jüngeren philosophischen Verteidigungen der Gegenthese ist Derek Matravers, **Art and Emotion**, Oxford 1998.

14
Es handelt sich hier um eine Spielart des „Paradox of Horror“ – also um die Frage, warum man etwas, das üblicherweise gemieden wird, aufsucht. Vgl. dazu Noël Carroll, **The Philosophy of Horror or the Paradoxes of the Heart**, New York 1990, Kapitel 4.

15
Vgl. dazu weitergehend auch Alan Tormey, **The Concept of Expression. A Study in Philosophical Psychology and Aesthetics**, Princeton 1971.

16
Vgl. v. a. Peter Kivy, **Sound Sentiment. An Essay on the Musical Emotions. Including the complete text of the Corded Shell, Philadelphia 1989**. Stephen Davies, **Musical Meaning and Expression**, Ithaca und London 1994.

17
Besonders einflussreich ist die Kritik von Jerrold Levinson; vgl. Jerrold Levinson, Musical Expressiveness, in: Jerrold Levinson, **The Pleasures of Aesthetics**, Ithaca/NY 1996, S. 90–125.

18
Zu den wichtigsten Vertretern einer kognitiven Theorie der Emotionen gehören Richard Solomon und Ronald De Sousa. Vgl. Richard Solomon, **True to our Feelings. What our Emotions are really telling us**, Oxford 2008. Ronald De Sousa, **Die Rationalität des Gefühls**, Frankfurt / M. 2009.

19
Anthony Kenny spricht hier vom formalen Objekt der Emotion. Vgl. Anthony Kenny, **Action, Emotion and Will**, London 1963, v. a. Kapitel 9.

20
Vgl. v. a. Peter Goldie, **Emotionen und Gefühle**, in: Sabine A. Döring, **Philosophie der Gefühle**, Frankfurt / M. 2009, S. 369–397. Einen guten Überblick über die analytischen Positionen bietet Ingrid Vendrell Ferran, **Emotionen in der analytischen Philosophie**, in: Hermann Kappelhoff / Jan-Hendrik Bakels / Hauke Lehmann / Christina Schmitt, **Emotionen. Ein interdisziplinäres Handbuch**, Berlin 2019, S. 102–108.

21
Vgl. dazu Sabine Döring, **Allgemeine Einführung: Philosophie der Gefühle heute**, in: Sabine Döring, **Philosophie der Gefühle**, Frankfurt am Main 2009, S. 12–68, sowie v. a. die Beiträge in Teil III.

22
Vgl. in diesem Sinne grundsätzlich auch Alva Noë, **Strange Tools. Art and Human Nature**, New York 2015, Kapitel 1.5.

23
Eduard Hanslick, **Vom Musikalisch-Schönen. Ein Beitrag zur Revision der Ästhetik der Tonkunst**, Darmstadt 1991, S. 32.

24
Vgl. dazu auch Gunnar Hindrichs, **Die Autonomie des Klangs. Eine Philosophie der Musik**, Berlin 2013, Kapitel 1.

25
Den Begriff des Nachvollzugs hat v. a. Matthias Vogel konturiert mit Vogel (wie Anm. 7). Christian Grüny spricht in verwandter Weise von einem Mitvollzug in Christian Grüny, **Kunst des Übergangs. Philosophische Konstellationen zur Musik**, Weilerswist 2014, v. a. Kapitel 2.

26
Vgl. Ludwig Wittgenstein, **Philosophische Untersuchungen**, Frankfurt am Main 1980, § 65 ff. Vgl. als designtheoretischen Rückgriff auf diesen Gedanken auch meine Diskussion Wittgensteins in Daniel M. Feige, **Design. Eine philosophische Analyse**, Berlin 2018, Kapitel 1.

27
Vgl. dazu weitergehend auch Hans-Joachim Hinrichsen, **Ludwig van Beethoven. Musik für eine neue Zeit**, Stuttgart 2019.

28
Ira Gitler, **Trane on the Track**, in: **Down Beat** 16.10.1958, S. 16–17.

29
Vgl. kritisch zu ersterem Vorgehen Philip Alperson, **On Musical Improvisation**, in: **The Journal of Aesthetics and Art Criticism 43/1** (1984), S. 17–29, v. a. S. 22.

30
Vgl. dazu Feige (Anm. 26), S. 90ff.

31
Vgl. dazu weitergehend Frank Sibley, **Aesthetic Concepts**, in: **The Philosophical Review 4/68** (1959), S .421–450.

32
Vgl. im Folgenden Kant (Anm. 2), S. 115 ff.

33
Ebd., S. 123.

34
Noël Carroll, **The Philosophy of Motion Pictures**, Oxford 2008, S. 195.

35
Vgl. dazu auch weitergehend Noël Carroll, **On Criticism**, New York 2009.

36
Vgl. dazu Tiger C. Roholt, **Groove. A Phenomenology of Rhythmic Nuance,** New York 2014.

37
Vgl. Kant (Anm. 2), S. 155.

38
Ebd., S. 116 f.

39
Georg Mohr hat gleichwohl eine instruktive Lesart der Unterscheidung zwischen freier und angewandter Musik nach Kant vorgenommen mit Georg Mohr, Kant über Musik als schöne Kunst, in: Stefano Bacin / Alfredo Ferrarin / Claudio La Rocca / Margit Ruffing, **Kant und die Philosophie in weltbürgerlicher Absicht. Akten des XI. Internationalen Kant-Kongresses. Band 4**, Berlin 2013, S. 153–167.

40
Vgl. dazu weitergehend Daniel M. Feige, **Kunst als Selbstverständigung**, Münster 2012, Kapitel 2.

41
Vgl. dazu Arthur C. Danto, **Die Verklärung des Gewöhnlichen. Eine Philosophie der Kunst**, Frankfurt / M. 1981, v. a. Kapitel 5.

42
Er stammt ursprünglich aus sprachphilosophischen Diskussionen. Vgl. dazu Georg W. Bertram / David Lauer / Jasper Liptow / Martin Seel, **In der Welt der Sprache. Konsequenzen des semantischen Holismus**, Frankfurt / M. 2008. Als kunsttheoretische Explikation des Begriffs auch Georg W. Bertram, Kunst als menschliche Praxis. Eine Ästhetik, Berlin 2014, v. a. Kapitel 3.

43
Theodor W. Adorno, **Ästhetische Theorie**, Frankfurt / M. 1973, v. a. S. 214 ff.

44
Ebd., S. 190.

45
Vgl. ebd., S. 205 ff.

46
Vgl. als Explikation der Dialektik der jüngeren Kunstentwicklung in diesem Geiste auch Juliane Rebentisch, **Theorien der Gegenwartskunst zur Einführung**, Hamburg 2015.

47
Vgl. in diesem Sinne Dominic McIver Lopes, **Beyond Art**, Oxford 2014, v. a. Kapitel 10.

48
Grüny (Anm. 25), S. 32.

49
Vgl. Georg W. F. Hegel, **Vorlesungen über die Ästhetik (Band 3)**, Frankfurt / M. 1986, S. 131 ff.

50
Vgl. als kritische Würdigung von Hegels Musikästhetik Richard Eldridge, **Hegel on Music**, in: Stephen Houlgate, **Hegel and the Arts**, Evanston 2007, S. 119-145.

51
Hegel (Anm. 49), S. 135.

52
Adorno (Anm. 43), S. 188.

53
Vgl. als weitergehende Ausbuchstabierung eines solchen Gedankens auch Christoph Menke, **Kraft. Ein Grundbegriff ästhetischer Anthropologie**, Frankfurt / M. 2008.

54
Die folgenden Überlegungen sind eine Weiterentwicklung von Daniel M. Feige, **Zur Ontologie der Popmusik**, in: **Musik & Ästhetik 81** (2017), S. 40–54 und Daniel M. Feige, Über das Wesen der Popmusik, in: Dirk Stederoth / Timo Hoyer / Carsten Kries, **Was ist Popmusik? Konzepte – Kategorien – Kulturen**, Darmstadt 2017, S. 51–70.

Europäische Kunstmusik, Jazz und Pop als Formen musikalischer Praxis

55
Auch wenn Stephen Davies in seiner Kritik an Bruce Baugh Recht hat, dass es falsch wäre zu sagen, Rockmusik hätte mit europäischer Kunstmusik nichts zu tun, spielt er doch zu sehr den Unterschied zwischen verschiedenen Arten von Musik herunter. Das ist so, weil er letztlich ein zu statisches und unhistorisches Verständnis des Sinns musikphilosophischer Grundbegriffe hat. Vgl. Stephen Davies, **Rock versus Classical Music**, in: **The Journal of Aesthetics and Art Criticism 57/2** (1999), S. 193–204.

56
Gerade mit Blick auf Teile der angloamerikanischen Musikphilosophie ist dieser Vorwurf auch nicht von der Hand zu weisen. Besonders markant lässt er sich erheben etwa gegen Julian Dodd, **Works of Music. An Essay in Ontology**, Oxford 2007.

57
Vgl. https://jazztimes.com/features/interviews/branford-marsalis-secret [Zugriff zuletzt am 30.11.2020 um 17:00]

58
Ein solches Manöver ist auch mit Blick auf den Kunstbegriff vorgeschlagen worden. Vgl. in diesem Geiste Jerrold Levinson, **The irreducible Historicality of the Concept of Art**, in: **British Journal of Aesthetics 42/4** (2002), S. 267–379.

59
Vgl. Hans-Georg Gadamer, **Wahrheit und Methode. Grundzüge einer philosophischen Hermeneutik**, Tübingen 1990, S. 270ff.

60
Vgl. dazu auch Lydia Goehr, **The imaginary Museum of Musical Works. An Essay in the Philosophy of Music**, Oxford, v.a. Teil II.

61
Vgl. in diesem Sinne ebd. Als Verteidigung der Kategorie des Werks hingegen Klein (Anm. 4), Kapitel 8.

62
Vgl. dazu ausführlicher Daniel M. Feige, **Philosophie des Jazz**, Berlin 2014, Kapitel 3.

63
Mit etwas hermeneutischer Unfreundlichkeit kann man eine solche Position Collingwood zuschreiben. Vgl. Robin G. Collingwood, **The Principles of Art**, Oxford 1956, v.a. Book II.

64
Als Spielarten dieses Gedankens neben Dodd (Anm. 56) auch Nicholas Wolterstorff, **Works and Worlds of Art**, Oxford 1980 und Peter Kivy, **Platonism in Music. A Kind of Defense**, in: Peter Kivy, **The Fine Art of Repetition. Essays in the Philosophy of Music**, Cambridge 1993, S. 35–58.

65
Vgl. etwa Jerrold Levinson, **What a Musical Work is**, in: Jerrold Levinson, **Music, Art, and Metaphysics**, Oxford 1990, S. 63–88.

66
Theodor W. Adorno, **Zu einer Theorie der musikalischen Reproduktion**, Frankfurt/M. 2005, S. 243.

67
Ebd., S. 251f.

68
Ebd., S. 258.

69
Vgl. dazu Andrew Kania, **All Play and No Work. An Ontology of Jazz**, in: **The Journal of Aesthetics and Art Criticism 4** (2011), S. 391–403.

70
Vgl. dazu auch Alperson (Anm. 29), S. 17ff.

71
Vgl. dazu weitergehend Feige (Anm. 61), Kapitel 3.

72
Vgl. Ted Gioia, **Jazz: The Aesthetic of Imperfection**, in: **The Hudson Review 39/4** (1987), S. 585–600, hier: S. 593.

73
Vgl. dazu Alessandro Bertinetto, **Do not Fear Mistakes – There Are None: The Mistake as surprising Experience of Creativity in Jazz**, in: Marina Santi / Eleonora Zorzi, **Education as Jazz. Interdisciplinary Sketches on a New Metaphor**, Cambridge 2016, S. 85–100.

74
Vgl. das Interview auf **https://www.mixonline.com/recording/herbie-hancock-365061** [Zugriff zuletzt am 01.10.2019 um 17:20].

75
Vgl. Lee B. Brown, **Feeling My Way: Jazz Improvisation and Its Vicissitudes – A Plea for Imperfection**, in: **The Journal of Aesthetics and Art Criticism 58/2** (2000), S. 113–123, hier: S. 114.

76
Das hat problematischerweise Stephen Davies behauptet. Vgl. Stephen Davies, **Musical Works and Performances. A Philosophical Exploration**, Oxford 2001, Part One.

77
Vgl. dazu Feige (Anm. 62), Kapitel 4.

78
Vgl. dazu Roholt (Anm. 36).

79
Vgl. als Ausmalung dieser Anekdote auch James Gaines, **Das musikalische Opfer: Johann Sebastian Bach trifft Friedrich den Großen am Abend der Aufklärung**, Frankfurt am Main 2008.

80
Vgl. dazu Sabine Feißt, **Der Begriff „Improvisation" in der neuen Musik**, Sinzig 1997.

81
Vgl. weitergehend zu diesen medientheoretischen und -geschichtlichen Fragen aus Designperspektive auch Gerhard Schweppenhäuser, **Medien: Theorie und Geschichte für Designer (Bibliothek für Designer)**, Stuttgart 2016.

82
Vgl. Lee B. Brown, **Phonography, Rock, and the Onology of Recorded Music**, in: **The Journal of Aesthetics and Art Criticism 58 (2000)**, S. 361–372.

83
Vgl. Andy Hamilton, **The Art of Recording and the Aesthetics of Perfection**, in: **The British Journal of Aesthetics 43 (2003)**, S. 345–362, hier: S. 348 ff.

84
Diedrich Diederichsen, **Über Pop-Musik**, Köln 2014, S. xi.

85
Ebd. Vgl. in diesem Sinne auch Alva Noë, **Strange Tools. Art and Human Nature**, New York 2015, v. a. Kapitel 15 u. 16.

86
Diederichsen (Anm. 84), S. xi.

87
Ebd., S. xix.

88
Ebd., S. xx.

Grenzverhandlungen zwischen Design und Musik

89
Gotthold E. Lessing, **Laokoon**, Stuttgart 1987, S. 129.

90
Vgl. dazu weitergehend und als kritische Re-Evaluation der Künste die Überlegungen in Rebentisch (Anm. 46), Kapitel 3.

91
Vgl. im Folgenden Hegel (Anm. 49), Band 2 u. 3.

92
Vgl. dazu auch Daniel M. Feige, **Intermedialität**, in: Gerhard Schweppenhäuser, **Handbuch der Medienphilosophie**, Darmstadt 2018, S. 256–263.

93
Vgl. Richard Wagner, **Das Kunstwerk der Zukunft**, Leipzig 1850 und Richard Wagner, **Oper und Drama**, Stuttgart 1984.

94
Die potenziell problematische politische Grammatik von Wagners Werken ist in der jüngeren Forschung intensiv diskutiert worden; ich danke Richard Klein für entsprechende Hinweise. Vgl. dazu auch Richard Klein, **Der negative Körper und die Rückseite des Spiegels. Versuch mit Paul Bekker über Antisemitismus in Wagners Werk**, in: **Musik & Ästhetik 77/1** (2016), S. 42–58.

95
Vgl. dazu Juliane Rebentisch, **Ästhetik der Installation**, Frankfurt / M. 2003.

96
Theodor W. Adorno, **Die Kunst und die Künste**, in: Theodor W. Adorno, **Kulturkritik und Gesellschaft I. Prismen. Ohne Leitbild**, Frankfurt / M. 1977, S. 432–453, hier: S. 432.

97
Vgl. dazu noch einmal Lopes (Anm. 47), Kapitel 10. Und als Vorschlag zur Rekonstruktion der Genese neuer Künste auch Jerrold Levinson, **Hybrid Art Forms**, in: **Journal of Aesthetic Education 4** (1984), S. 5–13.

98
Danto (Anm. 41), S. 237.

99
Vgl. Wassily Kandinsky, **Über das Geistige in der Kunst. Insbesondere in der Malerei**, Bern 2004.

100
Vgl. dazu weitergehend auch Feige (Anm. 26), Kapitel 6.1.

101
Vgl. Jakob Steinbrenner, **Wann ist Design? Ästhetische Werte und Design,** in: Jakob Steinbrenner / Julian Nida-Rümelin, **Ästhetische Werte und Design**, Stuttgart 2011, S. 11–29.

102
Vgl. Nelson Goodman, **Sprachen der Kunst. Entwurf einer Symboltheorie**, Frankfurt / M. 1997, S. 232 ff.

103
Ebd., S. 15 ff.

104
Ebd., S. 17.

105
Vgl. auch Nelson Goodman, **Wann ist Kunst?**, in: Nelson Goodman, **Weisen der Welterzeugung**, Frankfurt / M. 2001, S. 76–91, hier: S. 83 ff.

106
Goodman (Anm. 102), S. 74.

107
Ebd., S. 75.

Literaturempfehlungen

Theodor W. Adorno, **Philosophie der neuen Musik**, Frankfurt/M. 1975.
[Das vielleicht einflussreichste philosophische Buch zur Neuen Musik]

Philip Alperson (Hg.), **What is Music? An Introduction to the Philosophy of Music**, New York 1978.
[Ein schon älterer Sammelband, der viele klassische Positionen der angloamerikanischen Musikästhetik versammelt]

Alexander Becker, Matthias Vogel (Hg.), **Musikalischer Sinn. Beiträge zu einer Philosophie der Musik**, Frankfurt/M. 2007.
[Wichtiger deutschsprachiger Sammelband zur Musikphilosophie]

Bruce E. Benson, **The Improvisation of musical Dialogue. A Phenomenology of Music**, Cambridge 2003.
[Einschlägiges Buch zum Versuch, Musik als dialogisches Geschehen zu begreifen]

Joachim-Ernst Berendt, Günther Huesmann, **Das Jazzbuch. Von New Orleans bis ins 21. Jahrhundert**, Frankfurt/M. 2007.
[Das wichtigste deutschsprachige Buch zum Jazz]

Alessandro Bertinetto, Marcello Ruta (Hg.), **Routledge Handbook of the Philosophy of Improvisation in the Arts**, New York 2021.
[Aktuelles Handbuch zu der Frage der Improvisation in verschiedenen Künsten].

Nicholas Cook, **Music. A Very Short Introduction**, Oxford 2000.
[Sehr gut lesbare Einführung aus der Perspektive der „New Musicology"]

Nicolas Cook, **Beyond the Score. Music as Performance**, New York 2013.
[Wichtiges Buch aus dem Kontext der "New Musciology", das eine Kritik an einem partiturbasierten Musikverständnis entwickelt]

Stephen Davies, **Musical Works and Performances: A Philosophical Exploration**, Oxford 2001.
[Sammlung relevanter Texte eines der wichtigsten angloamerikanischen Musikphilosophen]

Diether de la Motte, **Harmonielehre**, München 2004.
[Schon ältere, aber einschlägige Einführung in die Harmonielehre]

Diedrich Diederichsen, **Über Popmusik**, Köln 2014.
[Das wichtigste deutschsprachige Buch zur Popmusik]

Daniel M. Feige, **Philosophie des Jazz**, Berlin 2014.
[Mein Buch zum Jazz, das die These entwickelt, dass sich der Begriff des musikalischen Werks von der Praxis der Improvisation im Jazz aus neu denken lässt]

Daniel M. Feige, Frederic Döhl (Hg.), **Musik und Narration**, Bielefeld 2015.
[Die Beiträge gehen der Frage nach, inwieweit Musik ein erzählerisches Medium sein kann]

Daniel M. Feige, Gesa zur Nieden, **Musik und Subjektivität. Beiträge aus Musikwissenschaft, Musikphilosophie und kompositorischer Praxis**, Bielefeld 2021.
[Interdisziplinärer Sammelband zur Frage des Verhältnisses von Musik und Subjektivität]

Gunnar Hindrichs, **Die Autonomie des Klangs. Eine Philosophie der Musik**, Berlin 2013.
[Wichtiger deutschsprachiger Beitrag zur Musikphilosophie; stark an einer bestimmten Lesart Adornos orientiert]

Lydia Goehr, **The Imaginary Museum of Musical Works. An Essay in the Philosophy of Music**, Oxford 1992.
[Klassiker der Musikästhetik, der im Anschluss an Adorno Grundzüge einer kritischen Theorie der Musik entwickelt]

Theodore Gracyk, **Rhythm and Noise. An Aesthetics of Rock**, Durham, NC 1996.
[Einschlägiges Buch zur Ästhetik des Rocks]

Christian Grüny, **Kunst des Übergangs. Philosophische Konstellationen zur Musik**, Weilerswist 2014. [Wichtiger deutschsprachiger Beitrag zur Philosophie der Musik; stark an phänomenologischen Perspektiven orientiert]

Frank Haunschild, **Die neue Harmonielehre**, Brühl 1992. [Zweibändige Einführung in die Harmonielehre aus der Perspektive des Jazz]

Andrew Kania, Theodore Gracyk (Hg.), **The Routledge Companion to Philosophy and Music**, London 2011. [Das wichtigste Handbuch zur Musikphilosophie im Kontext der angloamerikanischen Ästhetik]

Peter Kivy, **Introduction to a Philosophy of Music**, Oxford 2002. [Gute Einführung in die Philosophie der Musik aus angloamerikanischer Perspektive]

Peter Kivy, **The Corded Shell. Reflections on Musical Expression**, Princeton, NJ 1980. [Einer der Grundtexte der angloamerikanischen Musikästhetik]

Richard Klein, **Musikphilosophie zur Einführung**, Hamburg 2014. [Sehr gute deutschsprachige Einführung in die Musikphilosophie, die von der plausiblen Einsicht geprägt ist, dass die Grundfragen der Musikphilosophie im interdisziplinärem Zusammenspiel mit der Musikwissenschaft diskutiert werden müssen]

Jerrold Levinson, **The Pleasures of Aesthetics**, Ithaca, NY 1996. [Textsammlung mit Beiträgen eines der wichtigsten angloamerikanischen Musikästhetikers]

Georg Mohr, Johann Kreuzer (Hg.), **Vom Sinn des Hörens. Beiträge zur Philosophie der Musik**, Würzburg 2012. [Deutschsprachiger interdisziplinärer Sammelband zur Musikphilosophie]

Peter Rinderle, **Die Expressivität von Musik**, Paderborn 2010. [Gute deutschsprachige Einführung in die Frage nach dem Verhältnis von Musik und Emotion aus der Perspektive der angloamerikanischen Diskussionen]

Tiger C. Roholt, **Groove. A Phenomenology of Rhythmic Nuance**, New York 2014. [Analyse dessen, was Groove ist]

Roger Scruton, **The Aesthetics of Music**, Oxford 1997. [Einschlägiger Beitrag in die Musikästhetik]

Nikolaus Urbanek, Michele Calella (Hg.), **Historische Musikwissenschaft. Grundlagen und Perspektiven**, Stuttgart 2013. [Gute Einführung in Perspektiven der historischen Musikwissenschaft]

Albrecht Wellmer, **Versuch über Musik und Sprache**, München 2009. [Wichtiges deutschsprachiges Buch zur Musikästhetik]

Diskografie

Europäische Kunstmusik

Barbara Strozzi,
Non ti doler mio cor
[Tadashi Miroku 2011].

Domenico Scarlatti,
Cembalosonaten
[Scott Ross 1987].

Jean-Bapiste Lully,
Armide
[Philippe Herreweghe 1993].

Georg Friedrich Händel,
Wassermusik
[Marc Minkowski 2010].

Antonio Vivaldi,
Die vier Jahreszeiten
[Herbert von Karajan 1984].

Johann Sebastian Bach,
Matthäuspassion
[John Eliot Gardiner 2017].

Johann Sebastian Bach,
Goldberg-Varationen
[Glenn Gould 1956].

Johann Sebastian Bach,
Das wohltemperierte Klavier
[Svjatoslav Richter 1973].

George Philipp Telemann,
Der getreue Music-Meister
[Camerata Köln 1992].

Josef Haydn,
Messen
[Richard Hickox 1998].

Wolfgang Amadeus Mozart,
Don Giovanni
[Ferenc Fricsay 1956].

Wolfgang Amadeus Mozart,
Idomeneo
[Nikolaus Harnoncourt 1984].

Wolfgang Amadeus Mozart,
Requiem
[Herbert von Karajan 1975].

Ludwig van Beethoven,
Streichquartette
[Gewandhaus-Quartett 2010].

Ludwig van Beethoven,
Klaviersonaten
[Alfred Brendel 1992-1996].

Ludwig van Beethoven,
Symphonien
[Paavo Järvi 2016].

Fanny Hensel,
Klavierwerke
[Solveig Wikman 2017].

Frédéric Chopin,
Nocturnes
[Fazil Say 2017].

Franz Schubert,
Impromptus
[Alfred Brendel 1997].

Franz Schubert,
Winterreise
[Diedrich Fischer-Dieskau 1985].

Robert Schumann,
Dichterliebe
[Fritz Wunderlich 1966].

Clara Schumann, **Klavierwerke**
[Josef De Beenhouwer 2001].

Franz Liszt, **Klavierwerke**
[Peter Schmalfuss 2002].

Camille Saint-Saëns,
Symphonien
[Jean Martinon 1975].

Hector Berlioz,
Symphonie Fantastique
[Zubin Mehta 2019].

Hector Berlioz,
La Damnation de Faust
[Kent Nagano 1995].

Antonín Dvořák,
Symphonien
[Rafael Kubelik 1999].

Anton Bruckner,
Symphonien
[Günter Wand 2010].

Jacques Offenbach,
Blaubart
[Marc Minkowski 2002].

Pjotr Iljitsch Tschaikowski,
Symphonien
[Claudia Abbado 2011].

Giuseppe Verdi,
Don Carlos
[Claudio Abbado 1985].

Johannes Brahms,
Ein deutsches Requiem
[Nikolaus Harnoncourt 2010].

Johannes Brahms,
Streichquartette
[Belcea Quartett 2016].

George Bizet,
Carmen
[Claudio Abbado 1978].

Modest Petrowitsch Mussorgsky,
Bilder einer Ausstellung
[Andrej Hoteev 2014].

Richard Wagner,
Der Ring der Nibelungen
[Pierre Boulez 2006].

Richard Wagner,
Tristan und Isolde
[Christian Thielemann 2004].

Gabriel Fauré,
Requiem
[Neville Marriner 2011].

Erik Satie,
Gnossiennes
[Olga Scheps 2016].

Edvard Grieg,
Peer-Gynt-Suite
[Herbert von Karajan 1971].

Claude Debussy,
Klavierwerke
[Pascal Rogé 2012].

Gustav Mahler,
Kindertotenlieder
[Diedrich Fischer-Dieskau 1964].

Gustav Mahler,
Symphonien 1–10
[Simon Rattle 2017].

Sergei Wassiljewitsch Rachmaninow,
Klavierkonzerte
[Mikhail Pletnev 1988].

Richard Strauss,
Also sprach Zarathustra
[André Previn 1988].

Arnold Schönberg,
Klavierwerke
[Hardy Rittner 2009].

Arnold Schönberg,
Verklärte Nacht
[Daniel Barenboim 1995].

Max Reger,
Der 100. Psalm
[Colin Davis 1984].

Charles Ives,
Central Park in the Dark
[Andrew Litton 2006].

Béla Bartók,
Klavierwerke
[Andreas Bach 2003].

Enrique Granados,
Goyescas
[Alicia De Larrocha 1996].

Igor Strawinsky,
Le Sacre du Printemps
[Simon Rattle 2013].

Giacomo Puccini,
Das Triptychon
[Antonio Pappano 1999].

Heitor Villa-Lobos,
Choro Nr. 1
[Mickael Viegas 2016].

Arthur Honegger,
Pacific 231
[Charles Dutoit 1994].

Ferruccio Busoni,
Doktor Faust
[Kent Nagano 1999].

Alban Berg,
Wozzeck
[Pierre Boulez 2009].

Anton Webern,
5 Sätze für Streichquartett
[Emerson String Quartett 1995].

Dimitri Dmitrijewitsch Schostakowitsch,
Symphonien
[Ladislav Slovak 2002].

George Gershwin,
Porgy and Bess
[Simon Rattle 1989].

Alban Berg,
Dem Andenken eines Engels [Itzhak Perlman 1996].

Carl Orff,
Carmina Burana
[Eugen Jochum 1995].

Hans Werner Henze,
Sinfonien 1–6
[Hans Werner Henze 1990].

Oliver Messiaen,
Orgelwerke
[Olivier Latry 2002].

Oliver Messiaen,
Quatuor pour la fin du temps
[Martin Fröst 2017].

Karlheinz Stockhausen,
Gesang der Jünglinge
[1956].

Edgar Varese,
Poème Électronique
[Robert Craft 1961].

Iannis Xenakis,
Streichquartette
[Jack Quartet 2009].

Benjamin Britten,
War Requiem
[Helmuth Rilling 2008].

György Ligeti,
Atmosphères
[Hannu Lintu 2013].

Mauricio Kagel,
Heterophonie
[Michael Gielen 2001].

Morton Feldman,
Durations 1–5
[Michael Morgan 1997].

John Cage,
Variations IV
[David Tudor 1965].

Terry Riley,
In C
[Jeroen van Veen 2007].

Luciano Berio,
Sequenza I-XIV
[Ensemble Intercontemporain 1998].

Bernd Alois Zimmermann,
Die Soldaten
[Bernhard Kontarsky 1991].

Bernd Alois Zimmermann,
Requiem für einen jungen Dichter [Gary Bertini 1989].

Nikolaus A. Huber,
Parusie
[Bruno Maderna 1983].

Astor Piazzolla,
Maria de Buenos Aires
[Christopher Sprenger 2019].

Helmut Lachenmann,
Pression
[Michael Bach 1991].

Alvin Lucier,
I am sitting in a Room
[Alvin Lucier 2016].

Steve Reich,
Six Pianos
[1973].

Steve Reich,
City Life
[Steve Reich 2005].

Philipp Glass,
Music in Twelve Parts
[The Philipp Glass Ensemble 2008].

Arvo Pärt,
Spiegel im Spiegel
[Benjamin Hudson 2010].

Wolfgang Rihm,
Tutuguri
[Fabrice Bollon 2001].

Luigi Nono,
Prometeo
[Ingo Metzmacher 1995].

Pierre Boulez,
Répons
[Pierre Boulez 1999].

Peter Ablinger,
Weiss / Weisslich
[Peter Ablinger 2002].

Helmut Lachenmann,
Das Mädchen mit den Schwefelhölzern
[Sylvain Cambreling 2004].

Jazz

Louis Armstrong,
West End Blues [1928].

Coleman Hawkins,
Body and Soul [1939].

Duke Ellington,
Black, Brown and Beige [1943].

Dizzy Gillespie,
Horn a Plenty [1952].

Charlie Parker,
Jazz at Massey Hall [1953].

Chet Baker,
Chet Baker Sings [1954].

Erroll Garner,
Concert by the Sea [1955].

Billie Holiday,
Lady sings the Blues [1956].

Ella Fitzgerald,
Sings the Cole Porter Song Book [1956].

Sonny Rollins,
Tenor Madness [1956].

The Modern Jazz Quartet,
Django [1956].

Lennie Tristano,
Lennie Tristano [1956].

Count Basie,
The Atomic Mr. Basie [1957].

Thelonious Monk,
Brilliant Corners [1957].

Art Blakey,
Moanin' [1958].

Frank Sinatra,
Only the Lonely [1958].

Dave Brubeck,
Time Out [1959].

Miles Davis,
Kind of Blue [1959].

Ornette Coleman,
The Shape of Jazz to Come [1959].

Betty Carter,
The Modern Sound of Betty Carter [1960].

Bill Evans,
Sunday at the Village Vanguard [1961].

Gil Evans,
Out of the Cool [1961].

Georg Russell Sextet,
Ezz-thetics [1961].

Yusef Lateef,
Eastern Sounds [1962].

Charles Mingus,
The Black Saint and the Sinner Lady [1963].

Oscar Peterson,
Night Train [1963].

Eric Dolphy,
Out to Lunch [1964].

Wayne Shorter,
Speak no Evil [1964].

Stan Getz / João Gilbert,
Getz / Gilberto [1964].

Horace Silver,
Song for my Father [1965].

Albert Ayler,
Spiritual Unity [1965].

John Coltrane,
A Love Supreme [1965].

Herbie Hancock,
Maiden Voyage [1966].

John Coltrane,
Stellar Regions [1967].

Nina Simone,
Sings the Blues [1967].

McCoy Tyner,
The Real McCoy [1967].

Chick Corea,
Now He Sings, Now He Sobs [1968].

Peter Brötzmann,
Machine Gun [1968].

Don Cherry,
Eternal Rhythm [1968].

Mark Murphy,
Midnight Mood [1968].

Sun Ra,
Atlantis [1969].

Pharoah Sanders,
Karma [1969].

Ahmad Jamal,
The Awakening [1970].

Miles Davis,
Bitches Brew [1970].

Jan Garbarek,
Afric Pepperbird [1970].

Anthony Braxton and Circle,
Paris Concert [1972].

Return to Forever,
Light as a Feather [1973].

Herbie Hancock,
Head Hunters [1973].

Mahavishnu Orchestra,
Birds of Fire [1973].

Carla Bley,
Tropic Appetites [1974].

Keith Jarrett,
The Köln Concert [1975].

Jaco Pastorius,
Jaco Pastorius [1976].

Azimuth,
Azimuth [1977].

Albert Mangelsdorff,
Trilogue Live! [1977].

Weather Report,
Heavy Weather [1977].

Cecil Taylor,
Air Above Mountain [1978].

Art Ensemble of Chicago,
Full Force [1980].

Bill Evans,
You must believe in Spring [1981].

Al Jarreau,
Jarreau [1983].

Wynton Marsalis,
Wynton Marsalis [1983].

Bill Frisell,
Rambler [1984].

Bobby McFerrin,
The Voice [1984].

Miles Davis,
Tutu [1986].

Abdullah Ibrahim,
Water from an Ancient Well [1986].

Fred Hersch,
Sarabande [1987].

Pat Metheny Group,
Still Life (Talking) [1987].

John Zorn,
Naked City [1990].

Tribal Tech,
Face First [1993].

Dee Dee Bridgewater,
Keeping Tradition [1993].

Cassandra Wilson,
Blue Light 'Til Dawn [1993].

Aki Takase / David Murray,
Blue Monk [1993].

Joshua Redman,
Wish [1993].

Yellowjackets,
Run for your Life [1994].

John Scofield,
Hand Jive [1994].

Kenny Garrett,
Triology [1995].

Steve Coleman and Five Elements,
Def Trance Beat (Modalities of Rhythm) [1995].

Brad Mehldau,
The Art of the Trio. Volume One [1997].

Nils Petter Molvær,
Khmer [1998].

Michael Brecker,
Two Blocks from the Edge [1998].

Maria Schneider,
Allegresse [2000].

Branford Marsalis,
Contemporary Jazz [2000].

Esbjörn Svensson Trio,
From Gagarin's Point of View [2003].

Kurt Elling,
Man in the Air [2003].

Donny McCaslin,
In Pursuit [2007].

Esperanza Spalding,
Esperanza, [2008].

Snarky Puppy,
Ground Up [2012].

Robert Glasper Experiment,
Black Radio [2012].

Christian Scott,
Christian aTunde Adjuah [2012].

Craig Taborn,
Chants [2013].

Vijay Iyer,
Mutations [2014].

Pop

Elvis Presley,
Elvis Presley [1956].

Bob Dylan,
The Times they are A-Changin' [1964].

Simon & Garfunkel,
Sounds of Silence [1966].

The Beach Boys,
Pet Sounds [1966].

The Beatles,
Sgt. Pepper's Lonely Hearts Club Band [1967].

The Beatles,
White Album [1968].

Johnny Cash,
At Folsom Prison [1968].

Aretha Franklin,
Aretha Now [1968].

Diana Ross and the Supremes,
Love Child [1968].

Jimmy Hendrix,
Electric Ladyland [1968].

The Who,
Tommy [1969].

Frank Zappa,
Hot Rats [1969].

Black Sabbath,
Paranoid [1970].

Cat Stevens,
Tea for the Tillerman [1970].

Curtis Mayfield,
Curtis [1970].

The Velvet Underground,
Loaded [1970].

Van Morrison,
Moondance [1970].

Earth, Wind & Fire,
All 'n All [1971].

Emerson, Lake & Palmer,
Tarkus [1971].

Joni Mitchell,
Blue [1971].

Led Zeppelin,
Led Zeppelin IV [1971].

Marvin Gaye,
What's going on [1971].

The Rolling Stones,
Sticky Fingers [1971].

Ton Steine Scherben,
Warum geht es mir so dreckig? [1971].

David Bowie,
The Rise and Fall of Ziggy Stardust and the Spiders of Mars [1972].

James Brown,
There it is [1972].

Lou Reed,
Transformer [1972].

Neil Young,
Harvest [1972].

The Rolling Stones,
Exile on Main Street [1972].

Frank Zappa,
The Grand Wazoo [1973].

Roxy Music,
For Your Pleasure [1973].

The Who,
Quadrophenia [1973].

Kool and The Gang,
Light of Worlds [1974].

Kraftwerk,
Autobahn [1974].

Genesis,
The Lamb lies down on Broadway [1974].

Eric Clapton,
461 Ocean Boulevard [1974].

Steely Dan,
Pretzel Logic [1974].

Queen,
A Night at the Opera [1975].

Frank Zappa,
One Size Fits All [1975].

Billy Joel,
Turnsides [1976].

Stevie Wonder,
Songs in the Key of Life [1976].

The Jacksons,
Destiny [1978].

Pink Floyd,
The Wall [1979].

The Clash,
The Clash [1979].

The Police,
Zenyatta Mondatta [1980].

Phil Collins,
Face Value [1981].

Hall and Oates,
Private Eyes [1981].

Michael Jackson,
Thriller [1982].

Duran Duran,
Rio [1982].

Level 42,
Standing in the Light [1983].

Donna Summer,
She works hard for the Money [1983].

Tom Waits,
Swordfishtrombones [1983].

Chaka Khan,
I Feel for You [1984].

Kate Bush,
Hounds of Love [1985].

Whitney Houston,
Whitney Houston [1985].

Grace Jones,
Slave to the Rhythm [1985].

Huey Lewis & the News,
Fore! [1986].

Lionel Richie,
Dancing on the Ceiling [1986].

Peter Gabriel,
So [1986].

George Michael,
Faith [1987].

Prince,
Sign O' the Times [1987].

Madonna,
Like a Prayer [1989].

The Cure,
Disintegration [1989].

Depeche Mode,
Violator [1991].

Michael Jackson,
Dangerous [1991].

Metallica,
Metallica [1991].

Nirvana,
Nevermind [1991].

Sting,
The Soul Cages [1991].

Tom Petty,
Full Moon Fever [1991].

U2,
Achtung Baby [1991].

Faith no More,
Angel Dust [1992].

Incognito, Tribes,
Vibes and Scribes [1992].

Polygon Window,
Surfing on Sine Waves [1992].

R.E.M.,
Automatic for the People [1992].

Björk,
Debut [1993].

Tower of Power,
T.O.P. [1993].

Beastie Boys,
Ill Communication [1994].

Soundgarden,
Superunknown [1994].

Erykah Badu,
Baduizm [1997].

Photek,
Modus Operandi [1997].

Radiohead,
OK Computer [1997].

The Roots,
Things fall apart [1999].

Amon Tobin,
Supermodified [2000].

D'Angelo,
Voodoo [2000].

Squarepusher,
Go Plastic [2001].

Emiliana Torrini,
Fisherman's Woman [2005].

Amy Winehouse,
Back to Black [2007].

Janelle Monáe,
The ArchAndroid [2010].

Daft Punk,
Random Access Memory [2013].

Kendrick Lamar,
To Pimp A Butterfly [2015].

The Weeknd,
Starboy [2016].

Danksagung

Mein herzlicher Dank gilt Uli Cluss, Richard Klein, Georg Mohr und Ingo Offermanns, die das Manuskript intensiv kommentiert haben. Georg Mohr sowie Felix Brümmer und Gesa zur Nieden danke ich zudem für kritische Anmerkungen zur Diskografie und Letzterer für vielfältige ebenso kritische wie hilfreiche Kommentare. Die Anmerkungen waren mir für die Überarbeitung von unschätzbarem Wert. Last, but not least, danke ich herzlich Alina Anderson für ihre Hilfe bei den Korrekturen des Manuskripts.

Bibliothek für Designer

Weitere Bände der Reihe

Philosophie für Designer
ISBN 978-3-89986-253-9

Medien für Designer
ISBN 978-3-89986-254-6

Recht für Designer
ISBN 978-3-89986-260-7

Existenzgründung für Designer
ISBN 978-3-89986-267-6

Storytelling für Designer
ISBN 978-3-89986-277-5

Informationstheorie für Designer
ISBN 978-3-89986-283-6

MIX
Papier aus verantwortungsvollen Quellen
FSC® C013736
FSC www.fsc.org

Herausgeber der Reihe
Prof. Dr. Thomas Friedrich
Prof. Dr. Klaus Klemp
Prof. Dr. Gerhard Schweppenhäuser

Autor des Bandes
Daniel Martin Feige

Lektorat
Mario Ableitner
Dr. Petra Kiedaisch
Bettina Klett

Layout
T616 Berlin
Prof. Veruschka Götz mit Katrin Kassel

Satz
Mario Ableitner

Schriften
The Mix
TheSans
The Serif

Papier
UPM fine, 120 g/m² mit 1,23-fachem Volumen

Druck
Kösel GmbH & Co. KG, Altusried

avedition GmbH
Verlag für Architektur und Design
Senefelderstraße 109
70176 Stuttgart
Deutschland
Tel.: +49 (0)711 / 220 22 79-0
Fax: +49 (0)711 / 220 22 79-15
info@avedition.de
www.avedition.de

ISBN 978-3-89986-339-0

Bibliografische Informationen der Deutschen Nationalbibliothek
Die Deutsche Nationalbibliothek verzeichnet diese Publikation in der Deutschen Nationalbibliografie; detaillierte bibliografische Daten sind im Internet über dnb.de abrufbar.